黄金
应该怎么买

游侠 著

台海出版社

图书在版编目（CIP）数据

黄金应该怎么买 / 游侠著. -- 北京 : 台海出版社，2025. 5. -- ISBN 978-7-5168-4196-9

Ⅰ. F830.94

中国国家版本馆CIP数据核字第2025P47286号

黄金应该怎么买

著　　者：游　侠

责任编辑：赵旭雯
封面设计：水玉银文化

出版发行：台海出版社
地　　址：北京市东城区景山东街 20 号　　邮政编码：100009
电　　话：010-64041652（发行、邮购）
传　　真：010-84045799（总编室）
网　　址：www.taimeng.org.cn/thcbs/default.htm
E-mail：thcbs@126.com

经　　销：全国各地新华书店
印　　刷：北京温林源印刷有限公司
本书如有破损、缺页、装订错误，请与本社联系调换

开　　本：787 毫米 × 1092 毫米　　1 / 16
字　　数：170 千字　　印　　张：13.5
版　　次：2025 年 5 月第 1 版　　印　　次：2025 年 5 月第 1 次印刷
书　　号：ISBN 978-7-5168-4196-9

定　　价：58.00 元

序　　言

在人类上千年的文明史中，黄金始终是财富的象征、权力的载体，更是危机中的避风港。从古埃及法老的黄金面具到布雷顿森林体系的金本位制度，从普通家庭的“压箱底”资产到华尔街的期货交易，黄金的价值早就已经超越了物质本身，成为全球经济波动的晴雨表。今天，当全球地缘政治动荡、货币超发成为常态，当2025年的世界充满不确定性时，黄金是否依然是投资者手中的“终极武器”？答案就藏在本书的字里行间。

黄金：跨越时空的财富密码

翻开第一章，我们会穿越历史的长河，看到黄金如何在2025年的全球市场中继续扮演关键角色。无论是美联储的货币政策转向，还是新兴市场对黄金储备的增持，黄金的“硬通货”属性始终未变。但本书并不是一味鼓吹黄金的“神话”——“2025年，黄金是否仍是投资神器？”我们会用翔实的数据和案例揭示：黄金的价值既源于其稀缺性，更与全球经济周期、地缘冲突甚至大众心理紧密相连。在这里，你将学会用动态的眼光审视黄金，既看到它作为避险资产的稳定性，也警惕黄金价格波动中的风险暗礁。

从理论到实战：构建科学投资框架

许多投资者沉迷于追逐金价涨跌的刺激感，却忽视了黄金投资的底层逻辑。本书的第二章至第四章，将用经济学视角剖析黄金与美元、通胀、利率的复杂关系，并系统梳理黄金ETF（交易型开放式指数基金，又称“股指数”）、期货、股票等投资产品的特点与风险。例如，黄金期货的杠杆效应可能让收益翻倍，但也可能让本金瞬间蒸发；黄金股票的表现不仅受金价影响，更与企业经营、行业政策息息相关。书中毫不避讳地告诉你：没有一种投资产品适合所有人，只有理解规则，才能驾驭风险。

在技术分析篇——第五章中，我们摒弃了“一招制胜”的幻想，转而聚焦KDJ（随机指标）、BOLL（布林线）、MACD（异同移动平均线）等核心指标的本质逻辑。“技术指标不是占卜工具，而是市场情绪的翻译器”。你将学到如何结合基本面与技术面，识别趋势中的“假信号”。第六章的仓位管理与资金策略，掌握具体的实战心法——毕竟，在黄金市场中活得长久，比赚得多更重要。

白银与黄金：组合投资的攻守之道

白银既有与黄金联动的避险属性，又因它的工业需求呈现出独特的波动规律。书中通过翔实的策略分析，支持读者构建“黄金一白银”投资组合，利用两者的相关性差异对冲风险。例如，当全球经济复苏预期增强时，白银的工业属性可能使其涨幅超越黄金；而当危机来临时，黄金的“压舱石”作用又会凸显。这种动态平衡的艺术，正是这本书献给进阶投资者的宝藏。

心态制胜：在贪婪与恐惧间寻找平衡

如果你认为投资只需掌握数据和技巧，第八章将彻底颠覆这一认知。“黄金市场中最昂贵的学费，往往缘于心态的失控”。从“心战与智谋”到“识别心态陷阱”，我们解剖了投资者最常见的认知偏差：追逐涨跌的“羊群效应”、亏损时的“侥幸心理”、盈利时的“过度自信”……对此，本书给出了极具操作性的解决方案——用规则约束冲动，用复盘取代懊悔，用长期主义对抗短期噪声。2025年的黄金市场，不属于预测大师，而属于那些既能仰望星空，又能脚踏实地的人。

致读者：理性是通往财富自由的唯一捷径

这本书不是一本承诺“一夜暴富”的秘籍，而是一份沉甸甸的“投资地图指南”。它不回避黄金投资的复杂性，也不夸大黄金投资收益的确定性，而是客观揭示：真正的财富积累，源于对规律的敬畏、对风险的管理和对自我的认知。我们始终秉持一个信念——投资教育的本质，是帮助读者在不确定的世界中，建立确定性的决策框架。

谨以此书，献给所有在投资路上坚守理性、敬畏市场的探索者。

目录

第四章 我有大钱，我有小钱，怎么做呢

第五章 怎么看盘

第六章 本金变万金的方法

第一章

变革时代，投资还能选什么

黄金

应该怎么买

第一节

2025年可以存钱、炒股吗

在如今这个信息爆炸的时代，投资产品可谓琳琅满目，银行储蓄、股票、基金……各种各样的投资选择让人眼花缭乱。而黄金是一种在全球范围内都被认可的投资产品，它不但能应对经济不稳定带来的挑战，而且具有其他投资产品所没有的独特优势。彼得·林奇说："不进行研究的投资必然失败。"接下来，我们就来研究研究，为什么黄金能够脱颖而出，成为投资界的"宠儿"。

一、普通人能接触到的投资方式有哪些，它们又存在哪些不足

1. 银行储蓄：低利率成"致命伤"

一提到投资理财，许多人的第一反应就是"把钱存进银行"。这看似是个靠谱的选择，因为大多数人都感觉把钱放在银行里安全又稳妥。但现实却告诉你：银行的利率实在太低了，根本跑不

赢通货膨胀！

你把钱存进银行，寄希望于赚取利息。然而，物价上涨的速度比你存钱的利率高得多。等到取钱时，你存的钱没怎么增值，却可能因为通货膨胀，连原来的购买力都没有了。

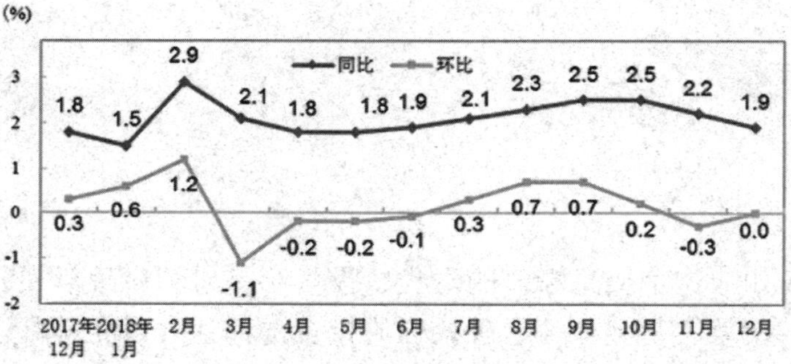

图1　2018年全国CPI（居民消费价格指数）月变动走势

以2018年为例，银行当年的年化存款利率为1.5%，但CPI增幅达1.9%，远高于存款利率。这意味着，你存在银行的钱看似增多了，但存款的实际购买力却在下降。人不能被账面价值所蒙蔽。简而言之，存款数字的增加并不等于真正的赚钱。

2. 股票投资：高风险高回报，别拿钱包开玩笑

股票投资的特点是：高风险，高回报。约翰·博格尔说："永远不要试图通过炒股来赚钱。"以中国股市为例，大家常说"一赚二平七亏"，意思是股市里赚钱的人少，亏钱的人多。比如A股的创业板，从2021年到2024年，三年时间指数下跌了超50%，不少投资者血本无归。股市的波动性决定了一只股票的股价可能一天

会跌几个百分点，造成一夜之间“掉进坑里”的后果。

我认识一个典型的“股票迷”，一看到某只热门股的涨势，他就忍不住跟风买入。结果没多久，股价开始大跌，他心急如焚，但还是一直忍着没“割肉”离场，等到股价暴跌了三分之一才清仓。原本想小赚一笔，结果赔了个底朝天。

在投资中，理性比智商更重要。投资过程中，能够保持冷静、不贪不惧的投资者寥寥无几。因此，如果你不是一个能冷静面对股市起伏的人，最好还是慎重考虑进入股市。

3. 基金投资：你以为省心，实际不轻松

把钱交给专业的人打理，自己什么都不用管，还能坐享其成？实际上，基金这个看似简单的省心之选，并非想象中那么轻松无忧。

王女士是某家私企的职员，她对基金投资充满信心，于是投了一只基金。刚开始时，基金的表现不错，王女士觉得自己选对了。结果半年后基金经理更换，投资方向发生了调整，基金的业绩开始下滑。一年后，她查看基金的表现时发现，自己的基金并不比市场上其他理财产品更有优势，甚至亏损了不少。

基金投资并非表面上看起来那么“省心”。虽然基金经理是专业的，但市场波动、管理人员变动等因素都会影响基金的表现。

二、黄金何以成为投资者的“心头好”

相较其他投资方式，黄金投资具有得天独厚的优势。它不仅

有项链、耳环等的装饰价值，更有着超强的避险能力。那么，黄金为什么有这么大的投资优势呢?

1. 通货膨胀的“克星”，让资产稳步增值

近年来，货币贬值的趋势越来越明显，钱的购买力正在不断缩水。这时，黄金的价值就显得格外亮眼。黄金，本身就是一种历史悠久的储值工具，它能够在抵御通货膨胀的同时，保持其价值。

40年前，2元钱可以买一大袋大米。而今天在一些地方，2元钱却连一碗米饭都买不到。这就是真实的通货膨胀效应。而黄金则不同，它作为一种全球公认的硬通货，其价值几乎不受通货膨胀的影响。我在2008年就购入了一些黄金，至今已经获得了超出预期的回报。就算经济波动，我手中的黄金依旧稳稳地“站在”高位。

所以，如果你还在担心不知如何应对通货膨胀，不妨也通过黄金来实现财富保值，对抗货币贬值带来的困扰。

此外，在理财过程中，谁不想既保值又增值呢？这正是黄金的最大魅力所在。黄金作为一种产量有限的不可再生资源，随着时间的推移和社会变化，它的价格也水涨船高。

我的一个朋友小墨，她深深地热衷于投资黄金。只要手头有盈余，她都会果断地将其投入黄金市场。现在，黄金的增值已让她的财富轻松翻倍。小墨感叹：“黄金不但保值，还让我赚到不少钱，真是一笔轻松的投资！”

2. 全天候服务，随时随地交易

黄金市场的一大优势，就是它的“全天候营业”模式。你没听错，黄金市场几乎是24小时运行的！

我的一个朋友老李，有段时间因为股票的波动整晚失眠。但自从他开始做黄金投资后，发现黄金市场24小时都在运作，所以无论自己是白天忙工作，还是晚上忙着玩游戏，都无须提心吊胆，随时能抓住合适的时机。黄金市场的全球性与公开性，避免了停盘、停市等风险，让投资者更有信心。

所以，黄金市场的全天候服务，非常适合那些没有时间天天盯着股市的人。它的灵活性使得投资者可以根据自己的生活节奏自由操作，而不必担心错失良机。

3. 公正透明，谁也不能随意操纵

黄金市场的另一个优势，就是它的公正与透明，几乎没有任何国家或财团能轻易操控市场。

我的朋友小张一直觉得股票市场波动大，容易受到一些暗箱操作的影响。一次，他买了一只朋友推荐的股票，结果大亏。为了寻找更靠谱的投资渠道，他开始转向黄金投资。后来他发现，黄金市场几乎不受人为操控影响。就拿最近的一笔交易来说，他买进时的金价和卖出时的金价差距不大，完全是市场的自然波动。他说：“黄金市场让我放心，因为它是真正公开、公正的市场。”

4. 轻松抵押，资金周转不成问题

遇到资金周转不灵的时候，大家一般会选择借钱或者抵押物品来解决问题。可是，如果你手中拿着一些价值波动大、流动性差的东西，比如汽车、股票等，可能转手就很麻烦。而黄金呢？任何时候你都可以用黄金去抵押，快速获取资金。

有一次，李先生因为一个投资机会，急需一笔现金。于是，他将家里的金条拿去典当店，顺利解决了资金周转问题。几个月后，当他的经济状况好转，他便赎回了金条，甚至连利息都没损失。李先生说："黄金在我手中，不仅是财富的象征，也是我的'救命稻草'。"

黄金抵押简单又高效，在资金紧张的时候，可以为你解决问题。它在投资者的生活中扮演着多功能的角色。

5. 多样化投资，让投资组合更"保险"

不管你是投资股票还是其他理财产品，黄金都可以为你的投资组合提供额外的保障，帮助你通过多元化的组合投资来降低整体风险。

比如，王先生在股票市场亏损的时候，及时调整自己的投资组合，适当配置黄金。结果，尽管股市行情不好，黄金的价格却稳步上升，让他的整体资产没受到太大影响。

总之，通过多元化的投资组合，投资者可以更好地实现风险与收益的平衡。如果你想让自己的投资更稳妥，黄金无疑是一个理想的选择。机遇总是眷顾那些有准备的人，别等到财富缩水时才想起黄金。赶紧拿起你的铲子，挖一挖这座金矿吧！

第二节

黄金恒久远，价值永流传

黄金，作为一种经典的投资产品，早已不是金条和饰品那么简单，而是金融市场中重要的“货币伴侣”。说起黄金，很多人首先想到的可能是它的闪耀光泽和收藏价值。但我们也知道，黄金与现代经济之间的关系错综复杂，甚至与世界各国的政治决策息息相关。那么，黄金究竟是如何在这个经济大舞台中占据一席之地的呢？

一、黄金，观察世界经济的“窗口”

在现代金融市场，黄金早已不仅仅作为一种单纯的贵金属存在，而是与各国政府以及官方机构的经济政策和政治决策紧密相连。虽然大多数国家早已不再采用金本位制度，但黄金作为一个具有悠久历史的价值储藏工具，依然在各国的外汇储备中占据重要地位。

小张是一位刚步入职场的青年。几年前，他对投资的概念几乎一无所知。可是，他最近的一次投资却让我刮目相看。他通过观察美国和欧洲的货币政策变化，意识到当美元走弱时，黄金价格会有所上涨。于是，他决定尝试将部分资金投入黄金市场。当美元大幅贬值时，黄金价格果然上涨，小张通过买入黄金获得了不小的回报。小张高兴地说："我一直以为黄金只是饰品，没想到它和世界经济的关系这么紧密，真的让我赚了一笔！"

关注世界各大官方机构的经济政策，不仅能了解黄金与货币体系的互动关系，还能帮助我们抓住黄金价格波动的机会。

二、一去不复返的金本位制度

如果你对金本位制度的了解还停留在"黄金作为货币基础"这一简单层面，那么你就有必要深入了解它背后的含义。金本位制度，指的是以金条作为货币发行担保的制度。简单来说，在这种制度下，国家发行的货币可以兑换成一定数量的黄金。因此，金本位制度为货币体系提供了稳定性，增强了大众对货币价值的信心。

然而，金本位制度也存在"软肋"。比如，当消费需求超过了政府持有的黄金储备时，它就很容易发生崩溃。此外，战争和金融危机等极端情况也可能对金本位制度造成"致命打击"。

我的朋友是一个历史爱好者，他对金本位制度的了解源自一次深度的经济历史研究。他告诉我，直到20世纪初，许多国家都还在采用金本位制度，因为它为经济提供了稳定支持。然而，随后到来的全球经济大危机让这种制度的缺点暴露无遗。特别是在大萧条时期，大多数国家都因为黄金储备的不足，导致了货币体系的崩溃。这样的历史教训提醒我们，金本位并非完美的解决方案，现代经济已经无法回到那种完全依赖于黄金的体系。

金本位制度看似能够为货币体系提供稳定的保障，但实际上，它的局限性也很大。现代货币体系的灵活性和应变能力，才是经济稳定发展的关键。

我认识的一个客户小周，虽然从事的是互联网行业，但他对宏观经济非常感兴趣。有一次闲聊时，他跟我聊起了金本位制度。他认为，如果世界经济能回到金本位制度，那么货币体系就会变得更加稳定。然而，我告诉他，回归金本位制度并不简单。首先，黄金的产量有限，无法满足全球这么庞大的经济需求；其次，现有的货币体系已经根深蒂固，各国政府不太可能轻易放弃灵活的货币政策。

尽管金本位制度在某些情况下可能带来稳定性，但回归金本位制度也绝非易事。首先，黄金的供应和生产受到地域限制。黄金矿藏主要集中在少数地区和公司手中。并且，世界上许多国家的经济独立性和私营金矿公司的存在，也使得金本位制度的实施变得错综复杂。因此，世界主要经济体不太可能回归金本位制度。而波动性可能成为常态，为愿意冒险的黄金投资者带来机遇。

三、投资者该如何看待黄金与法定货币

目前，绝大多数国家都采用法定货币体系。那么，什么是法

定货币呢？简单来说，就是政府发行的纸币、硬币，背后没有黄金、白银等实物资产作为担保，仅仅依靠政府的信誉来支撑。

换句话说，你拿到的那张钞票，就算上面没有一克黄金，它也还是“有价值”的，因为政府说它值。这听起来是不是很有意思？这种体系为政府提供了无限制的货币发行权和巨大的灵活性，他们可以依据经济形势来调节货币的供应量。然而，这种制度同时也存在着巨大的风险。

比如，2011年全球金融危机后，欧美国家纷纷采取了量化宽松政策，让银行“放水”，大量印刷钞票。于是，全球市场上突然出现了大量的美元和欧元。结果，这一行为虽然在短期内为市场带来了繁荣，但长期来看，货币的贬值压力逐渐加大，你以为自己拿到的美元很值钱，可如果你拿1000美元去买价值900美元的车，车的价格可能早已翻了倍。

在经济形势良好时，法定货币可能会升值；而当经济危机来临时，法定货币可能会贬值，甚至引发货币危机和政府的信任危机，导致投资者对货币的信心丧失，进而引发市场波动和恐慌。因此，对于黄金投资者来说，法定货币体系下的危机，往往会成为推动黄金价格上涨的因素。黄金在危机时期会成为投资者最好的避险资产，助力其在动荡的市场环境中稳住阵脚。

我在职场上遇到过一个十分谨慎的投资者，尤其在经济形势不稳定的时期，他总是保持低调。记得在2018年，当全球股市因中美贸易战的升级而产生剧烈波动时，他就意识到了风险，决定将部分资金转向黄金投资。当股市下跌时，他投资的黄金却迎来了价格上涨。在不稳定的经济环境下，黄金总能给人一种安全感。

对于黄金投资者而言，法定货币体系既有利也有弊，黄金与法定货币之间的关系复杂而微妙。在经济繁荣时，没有资产担保的法定货币可能会升值，但这并不代表黄金的投资价值会降低。而在经济危机、货币贬值或者信任危机时期，黄金往往会成为投资者们青睐的避险资产，价格可能会上涨。因此，黄金投资者需要密切关注市场动态，尤其是官方机构的政策动向，以便更好地把握住投资机会。

黄金作为金融市场的关键因素，与官方机构、金本位制度和法定货币的关系错综复杂。作为避险资产，黄金在经济不稳定的时期能够提供巨大的保障，有助于投资者更好地把握市场动态和投资机会。在未来，无论经济形势如何变化，黄金都是投资者的重要选择之一。

四、全方位比较，值得你“重金一试”

了解了黄金在经济学中的重要地位，我们不难看出，黄金投资具有相当多的优点。如果你还觉得黄金投资是有钱人的专利，那就大错特错了！黄金内在价值高，保值性强，是我们普通人也可以稳定获利的投资产品。接下来，我们就好好比较比较，为什么黄金能在各种投资选择中脱颖而出。

1. 黄金VS银行储蓄：打破低利率的束缚

相较于传统的银行储蓄，黄金投资展现出了更高的回报潜力。

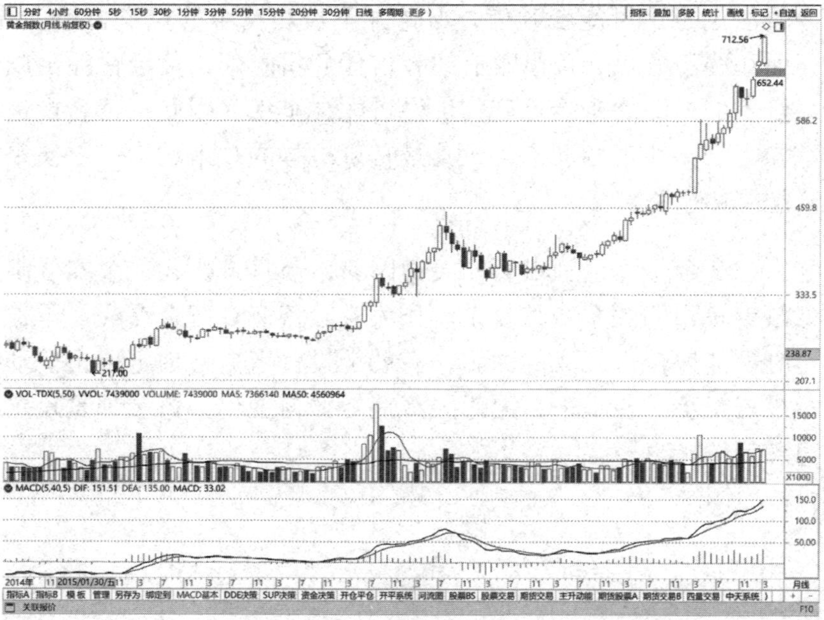

图2　2015年至2025年黄金指数月走势图

以2015年到2025年的黄金走势为例：黄金价格一路飙升，从1盎司1200美元，涨到了1盎司2800美元，相当于买入黄金时的10万元，短短几年后涨到了15万元，甚至20多万元。每当通货膨胀来袭，黄金的价值却总能逆袭！

2. 黄金VS股票：股票更激情，黄金更稳定

股票市场永远充满了波动和戏剧性，投资者的情绪起伏不定。小李前几天听到股市上涨的消息后特别激动，像是中彩票一样，连夜买进了某只热炒的科技股。可第二天开盘，股价却暴跌，他眼睁睁看着账户里的钱消失了5万多元。这就是股票投资的“过山车”效应：你可能上得了天堂，也可能得掉下地狱。

而黄金投资相比之下就稳定许多。我有几个客户在2022年年初就投资了黄金，尽管全球市场动荡，黄金价格依然逆势上扬，不仅避开了通胀的“坑”，还收获了丰厚的回报。股市就像是过山车，而黄金则是那条平稳的跑道，始终“稳”字当头。

3. 黄金VS基金：做“掌舵者”，不做“旁观者”

基金，特别是大规模基金，基本上是由基金经理来决定投资方向的。也就是说，投资者的选择权和控制力有限。例如，小王去年选择了一只热门的基金，结果基金经理大笔投资了一些高风险的产品，最终该基金亏损15%。在基金投资中，我们是“旁观者”，无论怎么“喊叫”，也无法改变什么。这就像是在坐车，无论司机怎么开，你都只能坐在旁边祈祷。

黄金投资就不一样了。金价波动时，完全可以根据市场走势调整自己的策略，选择进还是出，买涨还是买跌。你是这艘船的船长，完全可以掌控航向，随时调转风帆。

从储蓄到股票、基金，我们一一比较了黄金与这些投资方式的差异，结论是显而易见的：黄金不仅回报稳健，而且操作简单、灵活便捷。比起股票的波动、基金的被动，黄金是一个更加简单、直接的选择。如果你也想拥有一份“靠谱”的投资，黄金或许能给你带来意想不到的惊喜！

第二章

为什么是黄金

第一节

从淘金热到布雷顿森林体系

黄金自古以来就被视为象征着财富的神奇物质，其因稀有性、神秘感和独特的自然属性，赢得了“金属之王”的美誉，并深受人们喜爱。正如马克思所言：“金银天然不是货币，但货币天然是金银。”

从文明发展之初到今天，黄金的价值和地位始终举足轻重。它是人类很早就发现并利用的金属之一，历史悠久且闪耀。从金本位制度到黄金美元体系，为什么几乎每个国家都离不开美元？黄金与美元又为何有这么强大的关联性？那么，就让我们从几个关键历史事件入手，看看黄金究竟是如何成就美国的。

一、黄金：美国崛起的“金”钥匙

让我们把时间拨回1849年。在那场加利福尼亚淘金潮到来之前，美国还只是太平洋东海岸的一个小国，世界对它的关注远没有对欧洲国家的多。而事实上，正是黄金为这个国家的成长插上了翅膀。

加利福尼亚州萨特磨坊附近的一座金矿被意外发现。几乎在一夜之间，金矿就成了全球最炙手可热的宝藏。美国的面貌开始发生翻天覆地的变化。

有一个名叫詹姆斯·W.马歇尔的农民，成了这次淘金潮的“超级幸运儿”。马歇尔本来只是一个默默无闻的农民，却在加州的萨特磨坊发现了金矿。这个发现点燃了全世界的财富梦想，马歇尔也一下子成为全国的焦点。

这场淘金热就像一块巨大的磁铁，吸引了超过30万人的目光。人们都像着了魔一样涌向美国西部，寻找那金色的梦想和崭新的生活，一夜暴富的梦想在这里生根发芽。他们穿越千山万水，来到这片荒凉的土地，目的只有一个——挖到金矿，成为新一代的百万富翁！

这场淘金潮对美国的经济影响深远，加利福尼亚州迅速从一个沉寂的角落，一跃成为全球瞩目的“金银岛”。它不仅让美国西部各州得到了空前的经济发展，连带着交通、铁路、基础设施等领域的建设都得到了飞跃式的进步。

尤其是巴拿马铁路（后为巴拿马运河提供交通支撑）的建成，让大西洋和太平洋紧紧相连。仿佛所有的风都在向金子吹来，轮船在旧金山与巴拿马之间穿梭，满载着对黄金的渴望和期待。

淘金潮不仅聚集了全世界的黄金狂热者，更让加利福尼亚州乃至整个美国都成了“机遇之地”。只要在某块土地上发现金矿，那块土地的主人便有可能在一夜之间成为百万富翁。那片黄金宝地不仅催生了美国的繁荣和强大，还为今天的货币体系奠定了坚实的基础。真是名副其实的“金”钥匙啊！

二、黄金与美元的“大战”
——美元如何脱离黄金的束缚

时间转眼来到了20世纪，黄金开始在国际舞台上扮演重要角色。

二战结束后，全球经济都陷入了混乱状态。各国为了在战后恢复经济，开始大量增印钞票。但各国的黄金储备量却跟不上货币发行的速度。因此，古典金本位制度开始摇摇欲坠。

1944年，以美、苏、中、法等为首的44个国家在一个名叫布雷顿森林的小镇上举行了一场金融会议。这场会议的目的是在金本位制度崩溃后，建立一种全新的国际货币体系。参会各方经过激烈的讨论后，最终签订了《布雷顿森林协议》。因此，新的国际货币体系也被称为“布雷顿森林体系”。布雷顿森林体系是以美元和黄金为核心的体系，美国承诺美元可以直接兑换黄金，而各国只有通过美元才能进行黄金交易。美元在体系中处于中心地位，起到世界货币的作用。

你可能会好奇，为什么美元能承担如此重要的作用，甚至直接与黄金等价呢？

这主要是因为美国在二战后的独特地位。第二次世界大战摧毁了欧洲和亚洲两个大经济体，而唯独美国保留了完整的工业基础。并且，美国还是这场战争的最大赢家！不但打赢了战争，还在经济上发了战争财。而且，由于淘金热的出现，美国在当时还掌握着世界上最大的黄金储备。有数据显示，在第二次世界大战即将结束时，美国拥有的黄金占全世界黄金储备总量的75%以上。因此，美元得到了其他国家充分的信任，各国就像信任黄金一样信任美元。

随着布雷顿森林体系的建立，美元成了国际经济舞台的超级明星。手里捏着价值200亿美元以上的黄金，债务却不到100亿美元，美国可谓是风头无两。

布雷顿森林体系稳定了战后的国际金融市场，一定程度上帮助各国重建了经济。并且由于该体系的存在，各国货币的汇率在这一时期都十分稳定，结束了战前货币体系的混乱局面。

然而，随着时间的推移，布雷顿森林体系开始出现问题。当时的美国在财政支出上面临着两大问题。首先是战争。正深陷越南战争的美国，军费开支巨大。另一个问题是当时美国国内的"伟大社会"计划。这个计划希望通过教育、医疗、环境等多个方面的改善，提升美国人民的生活质量，因此美国在社会福利上的财政支出也大幅增加。

这一局面使得美国开始大量印钞，从而导致市面上流通的美元大大增加。到了1960年，美国面临一个巨大的麻烦：外国持有的美元流动资产从80亿美元猛增到200亿美元。各个国家纷纷要求兑换成黄金，美国的黄金储备开始出现"捉襟见肘"的局面。

这时，那些精明的黄金投机客开始对官方定价的1盎司35美元产生质疑。尤其是时任法国总统的戴高乐突然站了出来，掀起了"黄金总汇"计划。

原来，他早就对以美元为主导的货币体系心生不满。于是，他提议让黄金价格上涨，要求将黄金的定价从1盎司35美元提高到70美元。当时，以戴高乐为首的法国政府手中掌握着大量黄金。按上涨后的价格兑换黄金，法国将能大赚一笔。事实上，这一计划并非个别国家的愿望，很多国家都在暗中观察，希望推翻美元的"霸主"地位。

结果，美国就这样无节制地用美元填补国际收支赤字，导致美元泛滥成灾，通货膨胀的后果均摊到全世界。当美国的黄金储备大量流失时，美元作为国际储备货币的地位也大大削弱了，美元和黄金的紧密联系就这样崩盘了。

到了1971年，时任美国总统的理查德·尼克松在巨大的经济压力下做出了一个震惊全球的决定：关闭黄金窗口，停止美元与黄金之间的兑换。这一事件也被称为“尼克松冲击”。

在此之前，各国政府和中央银行都可以将美元直接兑换成黄金。可是，随着全球对美元信任的下降和美国自身面临的经济问题，这种黄金兑换方式已经难以为继。为了避免黄金储备大量流失，美国果断地将黄金与美元的“固定联系”切断，美元从此摆脱了黄金的约束。这大刀阔斧的“一刀”，不仅让美元在外汇市场开始自由“飞翔”，也让其他国家的货币从固定汇率转向了浮动汇率，国家开始让市场决定自己货币的价值。

三、货币功能变迁，黄金地位不变

黄金曾是全球货币体系的坚实支柱，帮助美国稳固了在国际经济中的地位。但随着美元的泛滥与全球经济的变化，黄金作为货币的影响力逐渐受到国际金融形势的冲击。尼克松的“断金一刀”，不仅是美国货币政策的转折点，也意味着全球经济进入了一个“纸币为王”的时代。黄金也从过去的货币保障，逐渐转型成为今天人们所重视的避险资产。

在1976年1月8日，国际货币体系经历了一次重大变革。当时，国际货币基金组织通过了《牙买加协议》，从而开启了“黄金非货币化”的新时代。这一协议的关键是取消了黄金作为货币储备和支付手段的身份，改为实行浮动汇率制。让市场供求关系成为决定货币价值的关键因素，而不再由黄金来决定。这一转变对货币领域产生了深远的影响，对黄金的影响主要体现在以下几个方面：

1. 黄金不再作为货币价值评估的基准，是货币评价体系的重大变革。

2. 废除了黄金的官方定价制度，改为实行浮动价格机制；国际货币基金组织不再干预黄金价格，由市场供求关系决定黄金价格。

3. 取消了必须使用黄金进行结算的规定，货币流通更加灵活。

4. 国际货币基金组织出售部分黄金储备，用以支持低收入国家。

尽管黄金已经从货币体系中退出，但它并未离开金融领域。黄金依然被各国视为重要的国际储备。在国际货币体系中，黄金已成为继美元、欧元、英镑、日元之后的第五大硬通货，充分体现了黄金在国际市场上的重要地位。可以说，黄金虽然没有成为货币的“永恒主角”，但它的特殊地位从未改变。

第二节

中国黄金市场如何从“禁地”到“宝地”

作为全球最大的黄金生产国和消费国，中国在黄金产业中的地位举足轻重。最近几年，由于经济的持续繁荣和黄金需求的不断增长，中国正逐渐成为全球最活跃的黄金投资和消费市场，引领着整个行业的发展。

然而，中国黄金产业的发展历程并非一帆风顺，而是有一段复杂的历史。就让我们一起来看看中国黄金产业的“传奇故事”，看看它如何从“寂静”到“热闹”，从“低调”到“高调”，逐渐成为全国投资者的必争之地。

一、黄金时代初露锋芒

在中国黄金历史中，上海金业交易所可以说是中国黄金市场的发源地。20世纪30年代，上海金业交易所曾一度成为远东地区重要的黄金交易中心，来往的黄金如流水一般。虽然当时的中国黄金市场远未达到今天的规模，但当时“炒金”已经是非常流行的事情了。

说到上海金业交易所，就不能不提到它曾经的辉煌时期。当时，上海是亚洲重要的黄金市场之一，很多外国商人和金融机构在这里进行黄金交易。1924年标金买卖总额达2870万条，1925年达4689万条，1926年达6232万条……其市场规模和市场影响力远比日本和巴黎的黄金市场要大。

中华人民共和国成立后，黄金行业经历了长达半个世纪的管理体制统一化。1963年开始，金银饰品的原料供应被停止，对外销售也受限，整个行业都进入了“严密监管”时期。

二、黄金市场国际化

随着改革开放政策的实施，黄金市场也开始有所调整。1982年，黄金饰品零售市场重新开放，中国逐渐走出了一条全新的黄金产业道路。长时间寂静无声的黄金市场，一旦解禁，消费者和投资者就像是打破了“最后一道关卡”，纷纷涌入。

这段时期的一个标志性事件就是1983年发布了《中华人民共和国金银管理条例》。这一条例的发布，意味着国家对金银的管理逐步趋于规范化，黄金投资开始进入“白名单”。中国黄金市场的“正规化”运行终于拉开了序幕，黄金饰品和黄金投资市场开始变得越来越透明。

条例的出台，对许多普通家庭来说，是黄金投资的“开端”。比如，我认识的邻居李大爷，凭借对市场的敏锐嗅觉，开始将个人积蓄投资在黄金上。每次出差，他都会去北京的黄金交易市场，了解市场趋势。正因为他敢于在黄金市场“吃螃蟹”，才通过黄金的投资获得了可观的收益。

随着中国经济的快速发展，中国黄金市场的开放步伐也明显加快。1993年，黄金市场的定价方式发生了革命性的变化——原来的固定定价方式被改为了浮动定价方式。这意味着黄金市场不再是“单一设价”，而是与国际市场接轨，价格开始随市场变化而波动。

此外，白银市场的放开和上海黄金交易所的成立，无疑是中国黄金市场的里程碑事件。上海黄金交易所的正式运行，标志着中国黄金市场真正走向了全面开放。

特别是在 2002年，国际金价显著上涨，吸引了大量投资者涌入上海黄金交易所。作为中国首家国家级黄金交易平台，上海黄金交易所开业首年就成交了数十吨黄金。随着市场规模的不断扩大，普通消费者终于可以通过市场直接参与黄金交易，这一投资手段快速走进大众视野。

正所谓，成功源自不断地调整与进化。随着政府逐步取消黄金行业的行政审批项目，国际公司在中国进行黄金珠宝生产、批发和零售的自由度大大增加。国内外投资者不再受限，拥有了更多的投资机会和更大的市场空间。正是国际巨头们在黄金市场上的参与，进一步推动了中国黄金市场的国际化。

近年来，中国在黄金市场上的角色日益突出。2014年，中国的国际黄金交易中心在上海自贸区设立并正式运营，推动了人民币在黄金市场的国际化使用。这不仅使“上海金”有了国际定价的话语权，也为中国的金融体系注入了更多的活力。这一标志性事件进一步加深了中国在全球黄金产业中的影响力和地位。

三、“中国大妈”的黄金往事

提到中国黄金市场的国际化，不得不说一件趣事。在2013年的春天，全球金融市场发生了一件让人大跌眼镜的事——中国大妈掀起了前所未有的黄金抢购热潮，让整个世界的投资者都瞠目结舌。

2013年4月15日，全球黄金市场迎来了一场突如其来的地震。国际金价在短短几天内暴跌超过20%。当时，市场上许多大型机构投资者，尤其是欧美的基金和对冲基金，纷纷选择抛售黄金，造成了黄金价格的暴跌。而此时，华尔街的金融大鳄们纷纷摩拳擦掌，打算放出消息做空黄金。他们似乎已经认为自己掌握了市场的主动权。然而，一切并没有按照他们预期的方向发展，特别是在中国市场，局势发生了戏剧性的转变。

正当全球投资者为金价暴跌而焦虑不已时，中国市场却出现了一股不容忽视的力量——中国大妈。这一群体长期以来以“家庭理财专家”和“金饰收藏爱好者”的形象存在。她们偏好传统的理财方式，尤其对黄金情有独钟。黄金在中国大妈眼中，不仅是投资工具，更是财富的象征，是保证家族安稳，可供子孙后代继承的珍贵财富。

因此，黄金价格的突然暴跌，不但没有吓倒她们，反而为大妈们提供了一个前所未有的“机会”。这些大妈纷纷涌向各大黄金首饰店，用手中的积蓄购买更多的黄金首饰或投资黄金。更有甚者，为了争取到低价黄金，不惜排队等候数小时甚至更长时间，争抢每一克便宜的黄金。

随着内地市场需求的激增，一些眼光独到的大妈开始将目光投向了香港。香港作为国际黄金交易中心，其金价相对便宜，且金饰种类繁多。许多大妈为了能以更低的价格购买黄金，纷纷飞往香港，进行抢购。以香港金店为例，每克290港元的黄金价格，对大妈们来说，几乎是白菜价。于是，香港的黄金市场很快就成了中国大妈的“新战场”，许多香港的黄金商家甚至表示，短短几天内，销售额便突破了以往的全年总和。

短短十天时间，大妈的购买力席卷全国，300多吨黄金就这么被抢购一空了，其价值相当于1000亿人民币。要知道，当时欧洲央行的黄金储备也才502吨，英国全国的黄金储备也才310吨。这不只是简单的购物潮，更是金融界的一大奇迹。

中国大妈的黄金抢购潮，最终成了席卷全球黄金市场的一股强大力量。由于当时中国市场的黄金需求量激增，金价逐渐回稳，甚至出现了反弹。这一变化令华尔街的金融大鳄们大跌眼镜。他们本以为可以通过对黄金价格的打压收获巨额利润，然而，中国大妈却以自己的方式“扭转乾坤”，让黄金市场再次焕发活力。

在短短几个月的时间里，黄金价格成功回升至每盎司1400美元左右。全球黄金市场的跌势得到遏制。与此同时，中国大妈成了投资黄金的最大赢家。这一现象不仅令国际市场感到震惊，也让世界看到了中国消费者的购买力和市场影响力。

可以说，这不仅是一次偶然的市场事件，更是中国消费者在全球经济中日益崛起的缩影。在过去的几年中，黄金作为避险资产的地位愈加重要，而中国作为世界第二大经济体，其市场的潜力和消费能力更是不可忽视。中国大妈们的“黄金之举”，不仅改写了全球黄金市场的格局，也为我们展示了中国文化中对黄金的独特情感。

四、新黄金时代

虽然中国黄金市场发展迅速，但与欧美市场相比仍属于新兴市场。当前行业呈现出“井喷”式的发展态势，投资者数量急剧增加，市场上也出现了一些不规范的行为。比如，部分不合规的小公司通过操控市场信息或不正当手段吸引投资者，这使得一些人尝到了“赔钱”的滋味。

举个例子，2015年，王女士通过某黄金投资平台进行了交易。然而，由于缺乏对市场的充分了解，王女士的投资以亏损告终。她后悔不已，觉得自己在黄金市场上的“入场”太过草率。

这些问题对投资者的利益和行业形象造成了一定的影响。然而，对投资者而言，这既是挑战也是机遇。只有把握住现在，明确自己的投资原则和交易纪律，才能在黄金投资世界里稳扎稳打。

从“禁地”到“宝地”，中国黄金产业经历了诸多起伏。相信随着政府对行业的不断整顿和规范，未来的中国黄金市场将迎来更加健康和规范的发展。未来的黄金市场不仅仅是“本地黄金”的交易场所，更是全球投资者聚焦的“黄金圣地”。而如何在这片金色大海中扬帆起航，考验的是每一个投资者的智慧和勇气。

第三章

金价的幕后推手有哪些

黄金

应该怎么买

第一节

如何判断社会情绪和风口

2024年全球经济风云变幻，受地缘政治局势持续紧张、美联储实行降息等各种因素的影响，黄金价格持续上涨，全年涨幅达26%，创历史新高。加之美国大选的紧张局势，这一切更是导致了大量投资者涌入黄金市场，推动金价上升。直至特朗普当选美国总统，金价开始下跌，但整体表现依旧超越其他投资产品。《货币战争》中写道："黄金，这个古老的守护者，在人类数千年的文明史中，始终屹立不倒，作为财富和价值的永恒象征。"

黄金价格的波动是由多种因素共同导致的，作为黄金投资者，我们一定要重视。

一、美元走势

《大众日报》中曾有这样一句话："从表面上看，货币无非是一种设计精巧的经济工具，但在历史火炬照射下，你就会看到，货币问题的背后，是政治利益的博弈。”美元作为全球主要储备货币，其地位就是政治博弈的结果。美元汇率与黄金价格之间存在密切关系。当美元汇率上升时，黄金价格往往会下跌，因为投资者更倾向于持有美元而非黄金。相反，当美元汇率下跌时，黄金价格可能会上涨，因为投资者会选择将资金投入黄金等避险资产。

相信很多人都熟知布雷顿森林体系，因为布雷顿森林会议的结果，促使美元与黄金直接挂钩，形成了以美元为核心的国际货币体系。当时，黄金价格维持在每盎司35美元，情况相对稳定。然而该体系的崩溃使美元与黄金脱钩，黄金价格自由浮动。在崩溃后的1973~1980年间，金价飙升至每盎司850美元。美元的大幅贬值，以及经济不稳定、通货膨胀等多方面的因素，共同推动了黄金价格的上涨，使黄金的避险资产属性得到了充分体现。直至现在美元汇率和其他国家的经济政策，仍在共同影响着黄金价格的波动。

二、战乱及政局

“盛世古董，乱世黄金。”在战乱和政局动荡的时期，人们往往更倾向于购买黄金以保值避险。因此，这些时期黄金价格往往会上涨。比如，1979年苏联－阿富汗战争时，金价就以每日每盎司30~50美元的速度开始上涨，最后达到当时黄金最高价。2024年4月，伊朗和以色列之间爆发冲突，投资者出于避险情绪，对黄金的需求暴涨，从而使现货金价上升，曾一度飙升至每盎司2417.59美元。后因冲突没有升级，金价又出现了回落。9月，

WTI原油价格低至每桶70美元附近，而黄金价格也下跌了超过3%，这都是由于中东局势缓和引起的。

然而，黄金价格的涨跌也受其他多种因素影响，不能单从战乱及政局震荡角度判断，只有在复杂多变的市场中综合考虑，投资者才能获得更多的经验。

三、世界金融危机

世界金融危机期间，金融市场动荡不安，投资者为了规避风险，会选择投资黄金等避险资产来应对当下的经济不确定性。2008年金融危机，不少有前瞻性的分析师认识到这一时期是投资黄金的理想时机，于是购买黄金。尽管在初期，金价有所下跌，但随着流动性危机度过，金价开始反弹。当年，国际金价曾一度达到每盎司1900美元。当金融危机影响到市场，国家会采取适当的政策对市场进行调节，这对金价的影响是非常大的。政策会通过调整货币供应量、降低利率来缓解危机，但通常情况下，这些举措可能导致货币贬值，从而使黄金价格不断上升。其实，这都与通货膨胀有直接关系。

四、通货膨胀

通货膨胀是影响黄金价格的重要因素之一。当通货膨胀率低时，黄金的价格相对稳定或者涨幅较小；而当通货膨胀率较高时，货币的购买力下降，人们更倾向于购买黄金以保值，黄金价格会大幅增长。比如，2015年，城镇私营单位平均月工资为4000元，这笔收入除了用在日常生活外，普通人还能拥有一些结余。而到了2025年，尽管工资涨了，但是物价也在上涨。这就是通货膨胀的体现，货币购买力下降了。如果你购买黄金，可能会发现当时的黄金价格为每克250元，而在2025年3月，金价已突破每克700元大关。黄金是一种实物资产，不会像货币一样随着通货膨胀而贬值，反而会升高。因此，通货膨胀率与黄金价格呈正向关关系。

五、石油价格

石油是全球经济的重要能源，它的价格波动往往是经济活动强弱的表现。当石油价格上涨时，通常意味着通胀压力的增加，而黄金作为对抗通胀的工具，其价格也会随之上涨。比如在20世纪70年代，由于中东地区爆发石油危机，石油输出国大幅削减石油产量，市场供不应求，导致石油价格飙升，就会引发通货膨胀。而通货膨胀也就意味着，黄金的保值避险作用受到青睐。所以，石油价格的上涨引发黄金价格的上涨，1973年，金价冲破每盎司100美元，到1979年，金价已涨至每盎司500美元。这其实证明了石油价格的变动对黄金价格具有一定的影响。

六、本地利率

本地利率的变动会影响投资者的投资选择。当本地利率较低时，投资者可能会选择购买黄金以获取更高的收益。而当本地利率较高时，投资者可能会选择将资金存入银行获取利息，从而减少对黄金的投资需求。巴菲特曾说过："利率之于投资就好比地心引力之于物体。"

我有一个喜欢投资黄金的朋友，他十分关注国家发布的经济政策。2024年，为了刺激经济，央行采取了一系列宽松的货币政策。他认为在当下低利率的环境下，黄金更值得入手，并且国内金价也在随着国际金价的上升而上升，于是购买了一些黄金。随着国内利率的不断下降，黄金的价格不断上涨。我朋友的想法十分正确，他的行为也表明，本地的利率变化对金价有显著的影响。只要投资者不断关注时事政策并具有前瞻性的思考，相信一定也能有收获。

七、经济状况

经济状况对黄金价格的影响是显而易见的。当经济繁荣时，人们有更多的钱进行风险性投资，比如股票等，对黄金的需求会减少。但是，在特定庆典到来时，比如生日、婚礼等，人们依旧对购买黄金首饰十分热衷。

而当经济萧条时，人们出于保值和避险情绪，对黄金的需求可能会增加，从而使金价不断上涨。比如，2020年，全球经济衰退，物价上涨，于是，人们对黄金的需求不断增加，金价从初期不断上涨，直至两三年后，才出现回落的情况。

此外，经济增长率、失业率等经济指标也会对黄金价格产生影响。以失业率为例，当失业率上升时，意味着经济环境不佳，投资经济前景萎靡，人们会将资金投入黄金市场，所以金价会不断上涨；反之失业率下降，意味着市场发展前景好，人们对黄金的需求就会减少，金价降低。

八、黄金供需关系

供需关系是影响商品价格的基本因素之一。《生命的重建》中写道："供需之间有个法则存在：先有需求，才有供应。"当黄金的供应量大于需求量时，金价可能会下跌；而当需求量大于供应量时，金价则可能会上涨。比如在2023年，金矿产出因为环保受限，所以供应量减少。但是人们对于黄金饰品的需求仍然居高不下，当供不应求时，金价就会不断上升。因此相比2022年，黄金价格呈上涨趋势。

此外，新采金技术的应用、新矿的发现等因素也会影响黄金的供应量，从而影响金价。比如，部分金矿产业引入新的开采技术，可能在开采效率上得到提升，供应量自然会上升。这时，市场上的黄金供需关系可能会达到平衡，从而金价会出现下降的趋势。如果此时依旧对金矿开采存在政策限制，那很有可能会出现其他的结果。投资者需要关注这些动态信息的变化，以便更好地把握黄金市场的走向。

除了以上因素外，世界各国的黄金市场特点及投资方式也是影响黄金价格的重要因素。不仅如此，伦敦金市场、纽约商品交易所等地的黄金交易机制、监管政策等，同样会对全球黄金市场产生重要影响。

黄金价格的涨跌是由多种复杂的因素共同导致的。因此，各国投资者在选择黄金投资产品时需要考虑不同产品的不同特点、风险和收益等因素。同时，投资者需要了解不同市场的特点和投资方式，以便做出更加明智的投资决策，获得更大的收益。

第二节

经济是最重要的风向标

全球经济形势复杂多变，黄金价格的波动受到多种经济数据的影响。这些数据不仅反映了宏观经济的状况，也间接影响了投资者的市场预期。每一个数据的变化以及其背后的逻辑，对于投资者来说至关重要。在进行黄金投资时，投资者需要关注以下数据。交易之道，守不败之地，攻可赢之敌。只有全面考虑这些数据的综合影响，才能把握投资机会，利用黄金实现资产的增值。

一、国内生产总值（GDP）

该指标是某一个国家或地区在一定时期内经济产出的全部最终产品和服务的总值，反映一国经济整体实力和增长潜力。举个夸张的例子，假设某个地区在一年内生产了100辆汽车，每辆汽车售价100元，那么100×100=10000元，这10000元就计入国内生产总值。如果这个地区的产业向外出口的汽车比进口的多，也有助于GDP的提高。

高GDP意味着经济稳健，企业和消费者对市场充满信心，会推动经济的增长。利率和汇率可能上升，从而对黄金价格产生一定压力。当利率上升，投资者可能会更愿意将资金投入高风险金融市场，因为能够“挣大钱”；当汇率上升，意味着经济发展良好，本国货币升值，也就是“钱更值钱”，投资者同样倾向于高风险的金融市场。这时，人们对黄金的需求就会减少，但GDP对黄金的影响，可能还受到其他因素的综合影响，投资者在分析时，需要谨慎判断。在投资的世界里，谨慎是永远的守则，不踩坑才能稳健前行。

二、工业生产指数

该指数用于衡量工业生产活动的活跃程度，指数上扬表示经济活动增强，可能引发利率调整，对美元有利，对黄金构成压力。假设一个国家在2022年的工业生产指数为100，而在2023年工业产能总量增长了10%，那么2023年的工业生产指数就为110，说明这一年的经济发展势头好，从而对货币产生了积极影响。这时，投资者就会选择降低对黄金的投资，金价也会下跌。

但是工业生产指数与黄金价格并不构成完全相关关系，如果经济形势发生变化，金价依旧有上涨的可能。

三、采购经理指数（PMI）

该指数以百分比形式呈现，常以50%为界，高于此值预示经济扩张，对美元有利，黄金承压；反之则可能暗示经济有衰退风险，利空美元，利多黄金。PMI对于金价的影响主要与经济预期、货币政策等方面有关。假设某月的PMI数据显示50.3%，高于市场预期，这时投资者会对经济前景持良好的态度，倾向于投资风险资产，而减少对黄金的需求。因此金价可能会受到压力，出现下跌。

四、耐用品订单

耐用品订单代表在未来一个月内，对不易损耗物品（如汽车、飞机、家用电器等）的订购数量，反映了制造业的活动情况。如果订单增长表明制造业状况改善，对美元构成支持，对黄金不利；降低则显示制造业萎缩，对美元不利，但有利于黄金。

五、就业报告

该报告能够衡量一个国家或地区劳动力市场的健康状况；是在月初发布的关键数据，尤其是非农就业人口和失业率数据，能揭示劳动力市场和经济状况。失业率下降或就业人口增加，预示经济向好，对美元有利，黄金可能承压。比如，2024年9月，美国非农人数增加25.4万人，这个数据显示的是美国经济的强势劲头，吸引投资者投资美股。数据公布后，黄金价格出现下跌，美元指数有所上升。

六、生产者物价指数（PPI）

该指数将原材料、设备、人工等制造成本的价格变化汇总成一个指数。当PPI上涨，会对美元有利，对黄金不利；下跌则对美元不利，但可能利于黄金。以全球能源价格上涨为例，工业企业成本会不断上升，这些都会反映在PPI指数的攀升上。这个时候，政府往往会采取紧缩的货币政策，美元的吸引力增加，因为投资者容易得到更高的收益，所以会从黄金资产转移至美元资产。经济数据变化总会牵扯金融市场的动荡，投资者要密切关注数据变化，从而做出正确的决定。索罗斯曾说过："最难判断的事情是：风险达到什么水平是安全的。"

七、零售销售指数

零售额上升反映消费信心增强和经济活跃，有利于美元走强，黄金可能承压；反之则可能利空美元，利多黄金。在该指数的关注上，我们可以类比PPI进行分析。

八、消费者物价指数

该指数是反映通货膨胀水平的重要指标。通胀压力增大时，中央银行可能提高利率以控制通胀，这对美元是利多因素，黄金可能承压。

九、新屋开工及营建许可

该因素属于建筑类指标，新开工和营建许可增加表明经济活力增强，对美元有利，反之则可能给美元带来压力，有利于黄金。

十、美国初请失业金人数

初请人数变化是市场关注焦点，增加意味着消费信心受压，对美元不利但有利于黄金；人数减少则可能利多美元。美国劳工部称，截至1月11日当周，初请失业金人数经季节性调整后，高于预期，这说明美国失业率上升。Allegiance Gold首席营运官亚历克斯·埃布卡里安表示："初请失业金人数高于预期，表明劳动力市场有点疲软。我们看到美债收益率下降，因此黄金吸引力再度增强。"吸引力得到增强，黄金价格自然会上升，投资者就会通过黄金资产以寻求保护。

十一、美国ECRI领先指标

该指标衡量总体经济运动的综合性指标，能预测未来经济发展情况及商业周期变化。该指标高于前值为美元带来支持，利空黄金；反之则可能利空美元。简单来说，如果美国ECRI领先指标上升，那么美国的经济和美元都会呈上升趋势，投资者就会通过美元得到更多的钱，而黄金价格自然会下跌。

十二、核心零售销售指数

凯恩斯曾说："投资的主要目标是创造我们的未来生活。"观测剔除汽车、食品和能源后的零售数据统计结果，该指数上升意味着个人消费支出增加和经济情况好转，有利于美元走强而利空黄金；反之则可能利空美元但有利于黄金。

十三、美国月贸易账

该指标反映国与国之间的商品贸易状况。贸易逆差扩大将导致美元下跌而利多黄金；顺差则可能利好美元而利空黄金。

十四、美国净资本流入

该指标用于衡量资本流动状况的指标。资本净流入顺差状态有利于美国外汇净流入并利好美元；逆差状态则可能导致美国外汇净流出并利空美元。

十五、设备使用率（产能利用率）

该指标反映产能利用程度。高使用率可能引发通胀压力上升和利率调整预期，这对美元有利但对黄金不利；低使用率则可能暗示经济衰退风险或利率下调预期。假设美国在某个时期设备使用率不断上升，这说明工业活动活跃，企业正在加大生产力度满足市场需求。经济发展良好，此时投资者对于风险投资会增加信心，对黄金则减少配置。

十六、红皮书商业零售销售（年率、月率）

该指标用于衡量经济强势的指标之一。零售额上升表明经济活跃度增强，人们的消费信心提高，有利于美元走强；下降则可能不利于美元但对黄金构成支持。比如，美国在2024年的红皮书商业零售同比上升，如果此前有投资者由于分析失误购置黄金，那么他肯定损失了不少资金。因为，当时美元对投资者的吸引力大于黄金的吸引力，金价下跌会产生损失。

十七、美国API原油库存变化

该指标为影响国际原油价格的重要因素之一。库存减少可能导致原油价格上涨并利好黄金；库存增加则可能导致原油价格下跌并利空黄金。

十八、新屋销售数据

该指标是反映房地产市场状况和居民消费支出水平的重要指标之一。新屋销售增加通常表明经济运行良好并利好美元而利空黄金；销售数量下降则可能给美元带来压力并有利于黄金。比如，在2022年9月，美国新屋销售数据显著下降，新屋呈现出“卖不动”的情况，很多人出于经济压力没有能力购置新屋，所以美元的汇率受到压力，人们出于避险情绪，又开始追捧黄金，金价自然上升。

十九、消费者信心指数

该指数用于衡量消费者对未来经济前景的预期和信心水平，是重要指标之一。消费者信心稳步上扬，表明消费支出有扩大迹象，并有利于经济走好同时也利好美元。

二十、经常账

经常账是一国收支表上的主要项目之一，反映了资金流动情况，正负数之差表示国家财富或投资增减情况，经常账逆差扩大将不利于该国货币稳定，即利空美元；顺差则可能利好该国货币，即利多美元。

二十一、美国EIA天然气变化

该指标反映了美国能源利用率和经济运行情况，进而影响国际原油价格和市场情绪变化，如果数据表现良好则可能利于美元走强，但不利于黄金上涨；反之亦然。美国2024年12月的天然气库存同比下降约11个百分点，但由于寒潮，人们对天然气的需求呈上涨走势，这对美元是有利的，而金价就会承压。

这些经济数据，主要分为两类，一类与金价呈负相关；另一类则与金价呈正相关，但经济数据对金价涨跌的影响不是绝对的，还可能受其他因素的影响。巴菲特曾说："当市场下跌时，你轻易将好东西打折变卖，但是一旦市场向上，再想买回来，难之又难。"投资者在投资时，不仅需要从宏观上观测形势，也需要从市场的不同方面进行数据整合，只有二者相结合，才能做出更为精准的判断。

第四章

我有大钱，我有小钱，怎么做呢

黄金

应该怎么买

第一节

随买随卖可以看ETF

在复杂多变的金融市场中，投资者不断寻求着既能保值增值，又能灵活操作的投资工具。黄金ETF（Exchange Traded Fund）的出现，无疑为黄金投资领域注入了一剂强心针。

在不确定的市场中，黄金是偏安一隅的避风港。黄金ETF正是架起投资者与这一避风港之间桥梁的创新金融产品。它不仅继承了黄金的优良属性，更融合了现代金融工具的便捷与高效，为投资者开辟了一条全新的黄金投资之路。然而，正如硬币的两面，黄金ETF在为投资者带来机遇的同时，也伴随着诸多挑战与风险。

一、黄金ETF的优势

作为一种金融衍生品，规模最大的黄金ETF为GLD（指SPDR黄金ETF，它是由世界黄金协会赞助，由道富环球投资管理公司管理的一种投资工具）。GLD的黄金储备量在全世界的黄金市场中占据重要地位，其规模经济效应和极高的流动性也使它成为市场上的重要力量。该基金所持有的大量黄金存放在汇丰银行的金库中，其规模仅次于一些国家的中央银行和国际货币基金组织，具有显著的市场影响力和吸引力。投资者通过购买GLD份额，可以像持有实物金一样方便地获得黄金所有权，而无须真正持有实物金。这种便捷性不仅降低了投资成本，还提高了市场的流动性。

黄金ETF的投资优势主要体现在以下几个方面：

1. 便捷性：投资者无须担心黄金的存储、保险和物流等问题。买入GLD份额就相当于拥有了相应的黄金份额，无须实际持有物理黄金。

2. 低成本：流动性是资产价值的保障。GLD的交易费用相对较低，投资者可以以较低的成本参与黄金投资。

3. 高流动性：GLD的交易方式类似于股票交易，具备较高的流动性，投资者可以随时进行买卖。

4. 多元化投资工具：GLD为投资者提供了黄金投资的多元化选择，无论是长期持有还是短期交易，都能满足投资者的不同需求。

在中国，ETF市场正不断发展壮大。2024年，国内黄金ETF持有量增加至114.73吨，同比增长86.66%。在黄金投资领域，中国也推出了相应的黄金ETF产品。这些产品为国内投资者提供了便捷、低成本的黄金投资途径。中国黄金ETF的发展，不仅继承了黄金投资的传统优势，还结合了国内市场的独特特点，为投资者提供了更加丰富的选择。全球化是金融市场的未来方向。随着中国资本市场的持续开放与深化，中国的黄金ETF也将逐步与国际市场接轨，进而为全球投资者创造更多的投资机遇。

无论是像GLD这样的国际级黄金ETF，还是中国本土的黄金ETF，都为投资者提供了便捷、低成本的黄金投资方式。创新是推动市场发展的核心动力，随着市场的持续发展和不断创新，黄金ETF必将成为黄金投资市场的一支重要力量，为投资者带来更多的投资选择和机会。

二、黄金ETF的比较、表现、风险与建议

1. 国际黄金与国内黄金ETF的比较

（1）交易市场和交易方式

国际黄金的交易市场主要集中于全球范围内的期货和现货市场，通过国际交易所网络进行交易，不受国内交易所的限制，能够提供更为便利的交易体验。而国内黄金ETF则主要在我国的证券交易所进行交易，比如上海证券交易所、深圳证券交易所等，采用线上电子交易的方式。

（2）价格和费用

国际黄金的价格以美元计价，与美元汇率密切相关；而国内黄金ETF则以人民币计价。虽然从长期趋势来看，两者大致保持一致，但在短期内的价格波动可能会存在差异。在交易费用方面，两者也有所不同，具体包括管理费、托管费、交易手续费等。不过，总体而言，由于黄金ETF具有规模效应和成本优势，其综合成本相对较低。

（3）投资门槛和流动性

国际黄金的交易通常需要较高的资金门槛，并且当交易量较大时，可能存在较大的流动性风险。而国内黄金ETF的单位净值较低，这使得其投资门槛相对较低。同时，由于黄金ETF在交易所上市交易，因此具有较高的流动性。

（4）风险和收益

国际黄金和国内黄金ETF都存在市场、汇率等风险因素。然而，由于两者在市场结构、资金规模等方面存在差异，其风险和收益特点也有所不同。一般来说，国际黄金的波动性较大，潜在收益较高；而黄金ETF则相对稳定，更适合长期持有。

总体而言，国际黄金和国内黄金ETF都是重要的投资工具，各自具有独特的优点和特点。投资者在选择时，应综合考虑自身的投资目标、风险承受能力、资金规模等因素。同时，关注市场动态和竞争态势的变化，也是投资者在黄金市场中保持竞争力的关键。无论是国际黄金还是国内黄金ETF，都需要投资者具备充分的市场分析能力和风险意识，以便做出最适合自己的投资决策。

2. 黄金ETF的市场表现与费用结构

（1）市场表现

在中国黄金ETF市场，黄金ETF的表现与实物黄金相比具有显著优势。首先，持有实物黄金需要承担保管成本、运输成本以及市场上的买卖差价等固有成本。而黄金ETF作为一种金融产品，其交易成本相对较低，为投资者提供了一种更经济的黄金投资方式。

尽管黄金ETF的表现会受到其所跟踪的黄金指数的影响，存在指数误差的可能，但总体而言，黄金ETF与实物黄金的表现差异相对较小。黄金ETF通过买入和卖出黄金期货合约来追踪黄金价格，其价格与市场上的黄金价格保持高度相关性。因此，对于投资者来说，黄金ETF是一个较为划算的投资选择。

（2）费用结构

在中国黄金ETF市场中，费用结构是投资者关注的重点之一。随着市场竞争的加剧，黄金ETF的管理费用、托管费用以及交易费用等都在逐渐降低，从而为投资者提供了更多的投资机会。首先，黄金ETF的管理费用是投资者需要考虑的一项重要费用。管理费用是基金公司为管理和运营基金所收取的费用，其高低会直接影响到基金的净值表现。投资者应选择管理费用较低的基金，以降低投资成本。

其次，托管费用也是投资者需要考虑的一项费用。托管费用是银行或信托公司为保管基金资产所收取的费用。在选择黄金ETF时，投资者应关注基金的托管机构和托管费用水平，以确保资金的安全性和费用的合理性。此外，交易费用也是投资者需要考虑的因素之一，它包括买入和卖出基金时可能产生的各种费用。随着市场竞争的加剧，这些费用也在逐渐降低。

最后，透明度是投资者选择黄金ETF时需要关注的一个重要方面。投资者应选择具有高信息披露质量和严格审计标准的基金，以保障自身权益。例如，选择经过权威机构认证的黄金ETF产品（如IAU），其信息披露报告和审计标准较高，能够为投资者提供更为可靠的投资信息。

综上所述，黄金ETF作为一种低成本的黄金投资方式，在市场表现和费用结构方面都具有明显的优势。投资者在选择黄金

ETF时，应综合考虑其市场表现、费用结构、透明度等因素，以做出更为明智的投资决策。

3. 黄金ETF的潜在风险与挑战

（1）潜在风险

市场波动风险：黄金ETF的价格与黄金市场价格高度相关，因此黄金市场的波动性会对黄金ETF造成影响。当黄金市场出现大幅波动时，黄金ETF的价值可能会出现较大波动，从而给投资者带来损失。

流动性风险：尽管黄金ETF通常具有较高的流动性，但在市场交易不活跃或极端市场情况下，可能会出现买卖难度加大、价格偏离公允价值的风险。

汇率风险：对于海外黄金ETF，投资者需关注汇率波动对投资收益的影响。如果投资者持有的货币与黄金ETF计价货币不一致，汇率波动可能导致投资损失。

管理风险：黄金ETF的管理团队的决策和操作也会对基金的表现产生影响。如果管理团队的操作不当，可能会导致基金的业绩不佳。

（2）挑战

市场竞争：随着中国黄金ETF市场的不断发展，市场竞争日益激烈。投资者需要精心挑选具有竞争力的黄金ETF产品，以获取更佳的投资回报。

监管政策变化：中国黄金ETF市场受到监管机构的严格监管。监管政策的变动可能会对市场造成影响，投资者需要密切关注政策变化及其对投资的潜在影响。

投资者教育：由于黄金ETF是一种相对新兴的投资产品，投资者对其了解程度可能不足。因此，加强投资者教育，提升投资者的投资意识和风险意识，是市场发展面临的重要挑战。

近年来，随着金融市场的发展，黄金ETF作为一种投资工具受到了广泛关注。截至2024年12月19日，部分黄金ETF的场内规模已突破270亿元。与此同时，一些黄金ETF的连接基金也为投资者提供了场外投资的选择，进一步拓展了投资渠道。根据相关基金半年报数据，截至2024年6月30日，部分黄金ETF及其连接基金的持有人数量合计超过4000万。然而，投资者需要注意的是，黄金市场受到多种因素影响，包括全球经济形势、货币政策、地缘政治等，投资黄金ETF及相关产品仍存在潜在风险和挑战。因此，投资者在参与相关投资时，应深入研究市场动态，结合自身的投资目标和风险承受能力，谨慎做出投资决策。

总体而言，黄金ETF为投资者提供了一种便捷、低成本的参与黄金市场的方式。GLD等其他黄金ETF提供了多样化的投资选择，但投资者应根据自身需求和风险承受能力，选择合适的基金。在投资过程中，保持谨慎态度，遵循多元化策略，有助于降低潜在风险。同时，关注费用结构、透明度和潜在风险，是做出明智投资决策的关键。

第二节

不怕风险，才敢玩股票

从纽约华尔街到伦敦金融城，再到上海陆家嘴，黄金股票的身影无处不在。它们在全球各大证券交易所中占据一席之地，与黄金价格紧密相连的特性和潜在的高收益，使其成为投资者在复杂多变的金融市场中寻找稳定回报的避风港。我们常说："股市有风险，入市需谨慎。"和所有投资产品一样，黄金股票也伴随着一定的风险，投资就像冲浪，必须在浪尖上找到平衡，否则就会被卷入海底。那么，怎样能够精准捕捉黄金股票的璀璨果实，同时避开隐藏在水下的风险暗礁，成了每一位投资者必须面对的重要课题。

一、什么是黄金股票

黄金股票指的是拥有或开采黄金矿产资源的公司的股票。这些公司主要业务涉及黄金的采矿、提炼、销售等环节，也为金矿企业提供必要的厂房和设备等基础设施。这些公司在股票交易市场中非常活跃。

二、黄金股票的主要上市地

谈到黄金股票，就不能不提黄金股票的主要上市地，股票上市是市场对公司实力和经营状况的认可。沃伦·巴菲特关于股票的上市地，有句很精彩的表达："股市是企业与投资者共同谱写的价值乐章，上市之地则是这首乐章中最为辉煌的舞台。"黄金股票在证券交易所上市，意味着公司已经达到了一定的财务和运营标准，并且受到了监管机构的严格监管。同时，上市也意味着对于投资者的保护，上市公司需定期披露财务信息、重大事项等，确保投资者的知情权。

中国的黄金股票的主要上市地是中国境内的证券交易所，例如，上海证券交易所和深圳证券交易所。伴随着中国资本市场的不断开放和国际化，中国的黄金股票也开始受到全球投资者的关注和投资。虽然美国和加拿大等国的许多大型黄金企业在北美主要的证券交易所挂牌上市，但中国的黄金股票在全球范围内的知名度和影响力正在不断提升。同时，政府和相关机构也将继续加大对黄金产业的支持和扶持力度，为黄金股票的发展提供更好的环境和条件。

三、对黄金股票进行投资分析的方法

对于黄金股票的投资分析，投资者可以借鉴分析其他上市公司的方法，因为黄金公司的基本面与其他行业的上市公司有相似之处。针对中国的黄金股票的投资给大家提供几条分析方法。

1.基本财务数据分析：检查公司的财务报表，包括利润表、资产负债表和现金流量表，了解公司的盈利能力、负债情况、资金流动状况以及对行业和市场进行分析，了解行业的整体发展趋势，等等。对于黄金股票公司而言，还需特别关注与黄金生产、销售相关的数据，以及公司的扩张计划与投资方向。这有助于判断黄金股票所在行业的景气程度和未来增长潜力。

我有一个非常经典的学员案例，资深黄金股票投资者张先生，在一次市场研究中发现了一家上市公司，该公司主要从事黄金的开采、冶炼和销售。张先生首先查看了这家公司的财务报表。在利润表中，他注意到这家公司的净利润在过去几年里持续增长，并且增长率高于行业平均水平。由此，可以判断公司具有较强的盈利能力。同时，在资产负债表中，公司的资产负债率保持在较低水平，说明其财务状况稳健，债务压力较小。进一步分析现金流量表，张先生发现这家公司经营活动现金流量净额始终保持正值，并且逐年增长。此外，张先生还特别关注了与黄金生产、销售相关的数据。他发现这家公司的黄金储量丰富，开采成本相对较低。同时，公司还计划在未来几年内增加开采量和冶炼能力。这使得张先生对这家公司的未来增长潜力充满了信心。

2. 估值分析：通过市盈率（P/E）、市净率（P/B）、市盈率相对盈利增长比率（PEG）等指标，对公司的估值进行判断。

我的学员李先生在规划投资时，首先看了这家公司的市盈率指标。他发现，公司的市盈率为10倍，而同行业平均市盈率约为15倍。这意味着，相对于同行业其他公司，这家公司目前的股价相对较低，具有较高的投资价值。接着，李先生对这家公司的市净率进行了分析。他注意到，该公司的市净率为1.5倍，而同行业平均市净率约为2倍。除了市盈率和市净率外，李先生还关注了公司的PEG比率。他了解到，这家公司的PEG比率是0.67，一般来说，PEG比率越低，说明公司的投资价值越高。基于以上分析，李先生认为这家公司具有较高的投资价值。需要注意的是，虽然这三个指标在估值分析中具有一定的指导作用，但投资者在实际使用过程中还需要结合公司的基本面、市场环境、行业趋势等多个因素进行判断。

3. 公司竞争优势分析：评估公司在行业中的地位、技术实力、品牌影响力、供应链管理等方面的优势，以及这些优势如何帮助公司在竞争中取得更好的业绩。同时，也可以参考同行业其他公司的估值水平，进行横向比较。

相对强弱指数（RSI）等工具，就能够帮助判断股票的买卖时机。王阿姨首先对想要投资的公司在行业中的地位进行了考量，她发现这家公司是中国黄金行业的领军企业之一，拥有丰富的黄金资源和先进的开采技术，从这个方面讲，就确保了公司在原料供应上的稳定性。有了对这家公司优势的深入了解，王阿姨又进一步参考了同行业其他公司的估值水平，进行横向比较，最终选择合适的买卖时机。投资黄金股票并不是简单地追逐黄金价格的波动，更重要的是，要深入分析公司的竞争优势，才能在黄金股票市场上获得长期收益。

4. 技术分析：利用图表和指标对股票价格走势进行分析，包括趋势线、移动平均线（MA）等。

我的一个学员关注到中国的黄金股票，绘制了黄金股票公司的长期趋势图，初步判断这家公司所处的趋势；计算黄金股票公司的短期（如5日均线）和长期（20日均线）的移动平均线。发现短期均线在近期内有所波动，但长期均线仍然保持向上的趋势，表明公司基本面仍然向好；此外，通过相对强弱指数（RSI）分析，数值近期有所回落，但仍然处于较为合理的区间内，没有显示出明显的超买或超卖信号。基于以上技术分析，这位学员才能够决定是否要进行投资，并且根据实际情况设定合理的止损和止盈点。在投资过程中，不断根据新的市场数据调整自己的投资策略，能够确保在市场波动中有效管理风险。

四、黄金股的投资风险与收益

黄金股投资的风险与收益往往并存。受供求关系、宏观经济环境、政策变化等多种因素影响，黄金股存在市场波动的风险。个别公司的经营状况、财务状况、管理团队等都会影响其股票的表现，我们熟知的某视频网站，就是因为经营状况和财务状况欠佳，导致股票价格从巅峰时的数百元一路下跌至几元，众多投资者遭受重创。投资者需要关注这些因素的变化：

1.次新股风险：对于次新黄金股，由于市值较小，缺乏生产、管理和盈利记录，其投机性较强，在牛市中，黄金股提供超过黄金价格和黄金股票ETF的潜在价格波动可能性更大，投资者需谨慎评估收益，才能为投资者带来相对较高的投资回报。

2.长期收益：对于那些看好黄金行业长期发展前景的投资者，可以通过投资黄金股票实现长期的资本增值。

总之，投资中国的黄金股票需要综合考虑多种因素，包括公司的基本面、行业趋势、市场环境等。在做出投资决策时，投资者应充分了解相关风险，并根据自身的风险承受能力和投资目标进行合理配置。

第三节

专业投资人进阶期货

黄金期货被称为众多投资者心中的“财富快车道”，从交易量上来看，黄金期货的高流动性让投资者能够轻松地快速买卖，进出自如。作为黄金投资产品里的明星，黄金期货的交易非常活跃，给市场带来了众多机遇。

一、黄金期货也可以实现投资组合多元化

对中国投资者来说，上海期货交易所是买卖黄金期货的主要阵地。投资者不仅可以通过交易所的在线交易平台轻松操作，还可以通过同一家经纪公司同时管理中国黄金股票等，让投资组合更丰富多样。

举个例子，投资者张先生在进行黄金期货交易前，并没有把所有资金都投进去。这是因为他明白任何投资都有风险，所以他选择了多元化的投资方式。除了黄金期货，他还在同一家经纪公

司开通了股票账户，投资了黄金股票等其他黄金投资产品。这样，即使黄金期货市场有波动，他的整体投资也不会受到太大影响，风险就分散了。

股票和期货都是黄金投资的重要部分。黄金期货因为流动性高、策略灵活，给了投资者更多机会。但投资者也要清楚，黄金期货既有学习和交易门槛，还有合规与监管的问题。在投资黄金期货前，一定要充分了解它的风险和特点，确保自己有能力应对市场波动。通过多元化投资组合，可以更好地平衡风险与收益。

二、以小博大，智慧周旋于金价起伏波澜

黄金期货以其独特的交易机制和潜在的丰厚回报，吸引了无数投资者的目光。它不仅仅是一种简单的买卖约定，更是投资者与未来金价走势的一次智慧博弈。接下来，我将从交易单位与基本内容、买卖原理、杠杆交易与押金制度，以及价格变动与风险管理多个方面，对黄金期货进行深入浅出的解析，帮助投资者更好地了解这一投资工具，制定合适的交易策略。

1. 交易单位与基本内容

黄金期货就像是一种未来的黄金买卖约定。在中国，人们通常把1000克黄金作为一手来交易。不过，市场上还有其他大小的合约，比如迷你合约和微型合约，给投资者提供了更多选择。

2. 买卖的原理

买入黄金期货，就像是提前锁定了未来的黄金价格，这样无论市场价格怎么变化，你都能按约定价格买卖，从而制造盈利可能。而如果你卖出，那就是你认为未来黄金价格会下跌，想提前清仓止损。大多数情况下，投资者并不会真正交割黄金，而是在合约到期前通过反向操作来平仓获利。

3. 杠杆交易与押金制度

黄金期货交易有个特点，就是可以用小钱做大事，这依靠的是押金制度。只需要交一小部分钱作为押金，就能控制整个合约的价值。这样虽然能让你的资金用得更有效率，但风险也放大了。如果市场走势和你预测的不一样，你可能会亏掉比押金还多的钱。所以，投资前需要谨慎判断自己能不能承受风险，并合理设置杠杆比例。

4. 价格变动与风险管理

黄金期货的价格受到很多因素的影响，比如国际政治经济形势、货币政策、地缘政治风险等。因此，投资者必须时刻关注市场动态，及时调整交易策略。为了降低风险，你可以设置止损点、分散投资、选择合适的交割月份等。同时，遵守相关法规和监管要求也很重要。

黄金期货虽然有机会赚大钱，但风险也很高。投资者在参与前需要充分了解其特点和风险，并制定合理的交易策略和风险控制措施。选择经纪商时，要比较不同产品的押金要求和交易费用，选择适合自己的交易平台。不断学习投资知识也是降低风险的关键。在投资过程中，保持冷静、理性分析市场动态并严格遵守风险控制原则，这样才更有可能取得成功。

三、黄金期货：中国市场的优势与亮点

“投资不是赌博，而是智慧的选择。”财富的稳健增长，需要本金的托举，更需要清醒大脑的指挥。中国黄金期货市场背后，潜藏着每一位投资者的运筹帷幄、杀伐果断。

1. 市场透明度高，风险控制有力

熙熙攘攘的市场，每个摊位明码标价，开诚布公，这就是中国黄金期货市场的写照。交易合约在交易所公开挂牌，就像市场上的商品价格一目了然，如此高的市场透明度有效避免了交易中的“黑箱操作”，确保了交易环境的公正公平。同时，监管机构的存在确保了市场秩序和投资者权益，为投资者提供了有力的风险控制保障。比如，市场出现谣传导致价格波动，监管机构迅速介入调查并澄清，稳定市场情绪，这就是风险控制的有力体现。

2. 交易活跃如潮，效率快如闪电

中国黄金期货市场流动性强，每天都有成千上万的交易在进行。大型机构、中小投资者，你出一手，我进一手，市场热闹非凡，价格也就在这种你来我往中趋于合理。就像拍卖行里的竞价，价格越拍越高，直到找到一个大家都满意的平衡点为止。再加上

交易系统先进，能够给投资者节省大量宝贵的时间。

3. 接入全球化市场，把握全球机遇

中国黄金期货市场就像一座桥梁，连接着国内和国际两个黄金市场。投资者在中国市场里，不仅能感受到本土的脉动，还能捕捉到全球黄金市场的风云变幻。就像你在家里就能通过电视看到世界各地的新闻一样，投资者在中国黄金期货市场里，也能轻松掌握全球黄金市场的最新动态和趋势。

4. 策略多样，总有一款适合你

黄金期货市场就像一个大超市，货架上摆满了各种投资策略，无论是喜欢快进快出的短线交易者，还是钟情于长期持有的长线投资者，都能在这里找到心仪的“商品”。而且，中国的黄金期货市场产品非常多样，就像超市里的商品种类繁多，总有一款能满足你的需求。有的投资者喜欢跟随市场趋势做波段操作，有的则偏好利用期权等工具进行风险对冲，无论哪种策略，在这里都能找到施展的舞台。

四、黄金期货：中国市场的潜在挑战与缺点

尽管黄金期货在中国市场备受关注，但投资者在考虑这一投资方式时，也应注意到其潜在的风险和挑战。

1. 专业知识和K线解读是投资路上的必修课

黄金期货交易并非“一键下单”的简单游戏，投资者需要具备扎实的专业知识和丰富的经验。从开立经纪账户到资金的杠杆化操作，再到如何精准地买入或卖出期货合约，每一步都需要深思熟虑。对于初次接触的投资者来说，这是一条充满挑战的学习之路。没有足够的专业知识，投资者就如同在茫茫大海中航行却没有指南针，很容易迷失方向。

学员小李初入黄金期货市场时，对专业知识了解不足，盲目跟风操作，结果损失惨重。后来，他痛定思痛，开始系统学习K线解读、市场分析等知识，在经验累积和学习的过程中，找到了适合自己的交易策略。

2. 期货升水与持有成本：长期投资者的“隐性负担”

在中国黄金期货市场中，期货升水现象屡见不鲜。这意味着长期限的期货合约成本往往高于短期限的合约，这无疑增加了投资者的持有成本。对于追求长期稳健收益的投资者而言，这无疑是一个需要认真考量的因素。面对这一情况，投资者可以及时快速调整投资策略，提前卖出合约以减轻负担。

3. 资金灵活性的束缚：市场机会稍纵即逝

黄金期货交易需要一定的保证金存款，这对于投资者来说可能是一笔较大的资金投入。随着投资者资产规模的增加，他们可能会面临被挤出市场的风险。这限制了资金的灵活性，使得投资者在面临市场机会时可能无法及时调整策略或增加投资。

4. 替代投资方案的考虑

黄金期货只是众多投资选择之一。投资者在考虑黄金期货时，也需要考虑其他投资方案，如黄金ETF、实物黄金等。这些替代方案可能在不同的情况下为投资者提供更优的收益和风险表现。因此，投资者需要根据自身的风险承受能力和投资目标，综合考虑选择最合适的投资方案。

我的学员赵女士在构建投资组合时，综合考虑了黄金期货、黄金ETF和实物黄金等多种方案。她发现，在某些市场环境下，黄金ETF的流动性更好、交易更便捷；而在另一些情况下，实物黄金则更能体现避险价值。因此，她根据市场变化灵活调整投资组合，实现了稳健的收益。

5. 市场波动与风险管理

黄金期货市场受到多种因素的影响，包括全球经济形势、货币政策、地缘政治风险等。这使得市场波动性较大，投资者需要具备有效的风险管理策略来应对潜在的市场风险。对于缺乏经验和风险控制能力的投资者来说，黄金期货可能不是一个理想的选择。

黄金期货在中国市场虽然具有吸引力，但投资者在考虑投资时也应充分认识到其潜在的风险和挑战。美国著名投资者彼得·林奇曾说："不进行研究的投资，就像打扑克从不看牌一样，必然失败！"投资者应根据自身的知识水平、资金状况、风险承受能力等因素，综合考虑选择最适合自己的投资方案。

第四节

不管真的假的，买了就是你的

在前文中，我们已经详细讨论了黄金ETF、黄金股票和黄金期货这些常见的黄金投资方式。然而，黄金的投资领域远不只如此。除了这些较为专业的投资产品外，市场上还有很多各具特点，也更贴近生活的选择。

一、金饰：戴在身上的“安全感”

中国人对黄金的喜爱早已深入骨髓，而金饰更是绝对的顶流。尤其是在婚庆和节庆等特殊场合，金饰更是表达情感的载体。

2023年春节，某知名品牌的金饰价格下降，导致不少消费者涌入门店购买。我的邻居李阿姨在与一群抢购者的竞争中，拿下了一只古法金手镯。店员好心提醒：“阿姨，黄金饰品工费150元1克哦！”李阿姨大手一挥：“工费算啥？我闺女结婚就得戴这个！”结果这只80克的金镯工费花了12000元。

金饰消费往往附加了品牌溢价和工艺费用等成本。许多大品牌的金饰会比其他小品牌的价格略高——大品牌凭借其传统和信誉，赋予金饰更多的象征意义。

与此同时，当消费者想将金饰变现时，市场上的回收价格也可能低于购买价，这是常见现象。因此，在购买金饰时，消费者应该认真决策，考虑购买目的是将其作为礼品、传家宝还是作为纯粹的投资产品。

金饰在中国社会中承载着独特的文化和情感价值，是中国人婚丧嫁娶的“刚需道具”。虽然其投资性价比可能不如其他形式的黄金产品，但依然是普通大众对黄金投资的重要组成部分，在面子上有光的同时价值有保障。

二、金条：看似“老实”的黄金投资，暗藏猫腻

比起花里胡哨的金饰，金条看似是个“老实人”，通常被认为是更“稳健”的选择。它具有高度的流动性，可以在多种渠道进行买卖，是不少投资者偏好的实物资产。

然而，金条投资看似简单直接，执行起来却也暗藏猫腻。2023年，上海的投资者小王购买了一根100克的生肖金条。当时金条的市场价格相对较低，小王看中了金条的保值潜力，认为这正是进入黄金市场的好时机。随着金价的上涨，他在半年后计划进行回购。然而，银行给出的回购价格却与市场价格差异巨大。

除了回购价格的差异，另一个让小王感到困扰的是存储费用。在购买金条时，他并没有意识到长期保管这些实物黄金会带来额

外的存储费用。尤其是对于高价值的黄金产品，银行或存储公司通常会收取较高的保管费用。

因此，投资金条虽然是十分稳妥的选择，但也必须考虑存储费用、银行差价等因素。在做出决策前，投资者务必了解清楚金条的相关费用和回购渠道。

此外，尽管金条是标准化的黄金产品，但市场上仍然存在一些不规范的情况。例如，有些商家出售的金条可能存在纯度欺诈。消费者在购买时要选择有正规认证的产品，如LBMA认证（国际金银市场协会认证）。

三、金钞：黄金与艺术的结合，谨防入坑

近年来，金钞成了市场上较为特殊的黄金产品，结合了黄金与艺术品的双重属性。以某银行推出的品牌联名金钞为例，上市时1克金钞的售价为800元，而当天的黄金现货价格仅为450元1克。广告宣传其“传世珍藏，爱意永恒”，再加上品牌联名带来的文化溢价，使得不少消费者认为其不仅是黄金，更是一种具有纪念和收藏价值的艺术品。

然而，这种金钞买入时容易，出手却很困难。我的一个学员当时咬牙买下了十多张金钞，结果后来跑遍全城金店都被拒收。最后被银行勉强按原料金价打八折回收，不仅没赚到钱，反而还赔了不少。

对于购买金钞的消费者而言，存在一个现实问题：需要变现时，金钞的流动性较低，无法像传统黄金一样迅速在市场上转手。

然而，对于一些追求艺术价值的投资者来说，金钞仍然是一种值得考虑的收藏品。

四、纸黄金：数字时代的“虚拟黄金”

纸黄金是一种不涉及实物黄金买卖的投资方式，是一种数字化的投资产品。也就是说，纸黄金的投资者实际上并不拥有实物黄金，而是通过电子交易平台参与黄金的买卖。投资者可以像购买股票一样，按照当前市场的黄金价格进行交易。常见的纸黄金平台有支付宝、微信等，通过黄金“数字化”提供了更便捷的投资途径。

例如，在平台上，用户可以用较少的资金，通过定期定额的方式积累黄金。即使你没有足够的资金购买一盎司黄金，也可以按比例购买黄金的份额。纸黄金的优势在于它不需要担心黄金的存储和保管问题，也免去了运输费用和风险。

2020年发生的“原油宝”事件虽与纸黄金并无直接联系，但也让纸黄金引发了一定的关注。这一事件暴露了数字化金融产品在市场波动较大时的潜在风险。例如，如果选择的交易平台出现问题，投资者在金价波动期间，可能会无法及时止损。

但从另一方面看，纸黄金也为那些不想持有实物黄金，或资金不多的投资者提供了一种便捷的投资途径。这种方式不需要担心实物黄金的存储与管理问题，而且可以根据个人的财务状况灵活调整投资额。

五、黄金T+D：杠杆玩家的“赌命游戏”

黄金T+D（黄金延期交易）是一种通过杠杆原理让投资者以较少的资金参与黄金投资的方式。与直接购买实物黄金或纸黄金不同，黄金T+D不是简单的买入或卖出，而是允许投资者使用杠杆，用较少的本金控制较大的黄金头寸，因此它的回报和风险都相对较高。

例如，我的同行周先生在2023年通过黄金T+D操作，利用10万元本金控制了价值100万元的黄金合约，并且在金价上涨时获得了可观的收益。

然而，市场的剧烈波动也可能带来巨大的损失——随后到来的美联储加息导致金价跳水，周先生在短时间内失去了全部本金，并且面临着负债的风险。

因此，黄金T+D具有较高的风险，适合有较强风险承受能力的投资者和专业交易者。对于能够熟练掌握市场趋势、拥有良好资金管理能力的投资者来说，黄金T+D是一个能够获得较高回报的投资工具。

第五章

怎么看盘

第一节

三个核心指标读懂市场趋势

2020年期间，投资者对市场十分担忧，大幅抛售美股，对黄金的需求开始上升。有的投资者通过技术指标对黄金市场进行持续性关注，布林线、短期均线等都是分析市场的好帮手。这些指标的应用，能够更好地帮助投资者把握市场走向、制定交易策略。

罗杰斯曾说："风险存在于市场本身。"技术指标犹如魔术师手中的魔法棒，虽然看似灵活多变，但和其他任何工具一样，它们有时也会让人感到困惑和不知所措，特别是对于投资界的新手来说。如果你想要进行黄金投资，那么，你尤其需要关注这些关于技术指标的内容。

一、技术指标的作用

技术指标这根"魔法棒"实际上是帮助投资者过滤市场喧嚣的利器，它们通过形象化的方式，将复杂的市场信息呈现在我们眼前，让预测市场走向的难题变得相对直观和简单。在走势图上，各种技术指标以价格、成交量、时间等元素为基石，编织出一幅幅生动的图形，这些图形或显或隐地展现在黄金价格的波动上。

是川银藏曾说："投资人的心境必须和乌龟一样，慢慢观察，谨慎买卖。"技术指标就像是一把双刃剑，它可以协助我们在长期中把握黄金市场的脉搏，在短期内为我们指明进退的时机，但是也会使投资者在黄金市场中失去方向。

韩先生就亲自体验过技术指标的两面性，他曾在刚入黄金市场时通过技术指标获得第一桶金。成功的结果让他逐渐对技术指标越来越信任，在分析黄金市场时甚至忽略了其他因素。一段时间过后，由于各种因素的共同作用，黄金市场进入复杂阶段。韩先生依旧试图通过技术指标寻找机会，但是这一次，他非但没有那么幸运，反而损失惨重。这次失败让韩先生真正认识到技术指标并不是万能的，也让他关注到更多的市场因素，并且制定了更适合自己的黄金投资方式。

技术指标的魅力在于其可定制性。它们是一种参数化的设置，我们可以根据自己的喜好和策略，对其进行调整和修改。这就像是在调色板上随意挥洒，创作出独一无二的画面。我认识一位纵横市场多年的投资者，他认为移动平均线和相对强弱指数对股票有一定的参考性，但对黄金市场却难以应付。于是他根据自己的习惯将移动平均线调整为较短的周期，并且将相对强弱指数动态化。通过个性化定制，他在运用技术指标交易时，更加自由并且实现了资产的增值。

尽管市场上有成百上千种不同的技术指标供我们选择，但它们往往可以被归入2~3个大类中，比如趋势指标、震荡指标等。在选择和使用这些技术指标时，我们仿佛在玩一场投资界的"猜谜游戏"，而每一次的成功预测都像是一次意外的惊喜。

二、技术指标的分类与应用

在黄金投资中，技术指标的应用是从宏观角度多方面出发而言的，技术指标能够帮助投资者识别市场的整体趋势，从而制定出更合理的投资策略。比如，通过长期观察移动平均线走势，投资者可以判断黄金市场周期，进而决定选择长期还是短期策略。

从微观角度说，技术指标为投资者提供更具体的数据，以便投资者更好地把握时机。但总体来说，技术指标并不是万能的，它也有局限性，投资者需要结合其他方式进行综合分析。接下来，我们来了解一些具体能帮助我们进行投资的技术指标。

1. 移动平均线和价格波动带

移动平均线和价格波动带是技术分析中的基础指标，用于辅助交易者识别市场趋势和价格动向。移动平均线基于特定回溯期内的黄金收盘价格平均值计算得出，常见的回溯期参数包括30日均线、50日均线和200日均线等。我的朋友陈先生长期关注黄金市场的走向，并善于运用技术指标进行分析。在一次投资中，他注意到移动平均线，特别是MA50（中期均线）在金价走势中的作用。于是他在金价回调至50日均线时买入，市场果然反弹出新的高点，他获得了可观的收入，这也进一步证明移动平均线的重要性。

价格波动带基于实际黄金价格的波动率和震荡方向计算，展示价格波动的范围。有一些风险厌恶者就会根据价格波动带进行投资，以一种稳妥的方式获得收益。这类投资者会通过黄金价格的波动，设定买入和卖出的区间，当金价跌至买入区间就开始购入，当金升至卖出区间就果断卖出。这正好照应了日本的股市俗话："买进要悠然，卖出要迅速。"

2. 震荡指标的应用与解析

震荡指标是投资者在技术分析中经常使用的一种工具，用于显示市场的潜在趋势强度。由于市场上的“顾问”可能会以不同方式修改和优化这些指标以匹配历史价格，因此投资者常常面临选择困惑。实际上，许多震荡指标与使用了几十年的其他指标在本质上没有太大区别。此外，震荡指标对于短线交易者寻找交易时机非常有用。罗伊·纽伯格曾说：“时机可能不能决定所有事情，但时机可以决定许多事情。”

我的朋友曼曼对震荡指标有自己的一套方法。当她发现指标到达上限时，金价就会出现回调，而指标到达下限时，金价则可能反弹，而且历史数据曾多次证实她的观察。她将自己的观察转变为实际策略，成功地在黄金投资中获得稳定收益。

投资者应该注意的是，为了保持分析的一致性，投资者应选择那些在原始定义和参数设定下的指标。不仅如此，在进行分析时，要结合其他技术指标进行综合分析，只有不断完善自己的投资方法，才能在黄金投资中正确地运用。

3. 技术指标的合理使用与误区

（1）独立于时间框架的技术指标：技术指标的应用并不受时间框架的限制，可以在不同时间周期的图表上使用。然而，在实际操作中，较短时间框架内的交易面临更高的交易成本和更大难度。

有的人在投资时为求稳妥，会采用周线图或月线图，这能够看到长期趋势，但是交易机会比较少；而有的人投资时会采取日线图或小时线图，交易机会增多，但是成本和风险也增大。当然，也可以在一次交易中，根据不同的线图进行决策。投资者对于时间框架的选择，需要根据自己的交易风格、风险承受能力等因素进行考虑，同时还需要制定更加合理的交易策略，才能在黄金市场中看清走势。

（2）指标叠加的误区：很多技术分析新手为了提高胜率，会在图表上叠加过多的技术指标。然而，这样做往往使胜率比单独使用任何一种方法都低。过多的指标数据容易导致判断矛盾。医为指标之间不能相互影响，添加更多指标无法真正改变成功率。所以，对于新手投资者来说，不应该叠加指标，而应该根据自己的风格选择合适的指标，并且要结合市场变化进行综合分析。

此外，过度依赖技术分析可能导致交易者的买卖行为滞后，错过趋势中的一部分潜在收益或在不利的市场变化中坚守太久。技术指标只是价格变化的反映，它代表的是已经发生的情况，而不是未来的趋势。如果一个投资者过度依赖技术分析，迟早会陷入失败的旋涡。市场是多变无形的，投资者应该在投资过程中灵活调整策略。只有这样，才能在黄金投资中提高胜率。

总而言之，技术指标是黄金投资中的重要工具，它们可以帮助投资者更好地分析市场和把握交易机会。然而，只有合理使用技术指标，才能在黄金投资中取得成功。“技术指标千变万化，成交量才是实打实的买卖。”投资者需要结合市场情况、风险程度和自身策略进行分析。

第二节

什么时候买，什么时候卖

在黄金交易的世界里，技术指标为交易者指引方向。然而许多新手交易者往往对这些工具感到困惑，不知道如何运用技术指标把握黄金市场的趋势和反转，无法将理论知识运用到实际操作中，如同纸上谈兵。

一、黄金市场趋势识别方法

彼得·林奇曾说过："让趋势成为你的朋友。"在黄金交易市场中，识别市场趋势对于交易者来说是至关重要的。黄金作为一种情绪导向的金融产品，其趋势变化可能迅速且剧烈。准确把握趋势方向和强度，不仅能帮助交易者执行交易，还能对个人的投资策略做出适时调整。

确定趋势的常用技术指标——移动平均线、布林线等，均可以用于确定市场的趋势方向或强度。这些指标的核心理念在于通过分析历史数据，为交易者提供关于市场趋势的参考。

1. 移动平均线

当谈到长期趋势时，就会说起移动平均线，它是一种简单而有效的工具。常见的组合是50日和200日移动平均线。当50日均线位于200日均线之上时，通常表示市场趋势向上；反之则表示市场趋势向下。如果两条均线在某个时刻形成交叉，这意味着价格存在剧烈的波动状况。这种交叉现象，被称为“黄金交叉”或“死亡交叉”，虽然有时被过度夸大，但仍然是交易者判断趋势的重要依据。

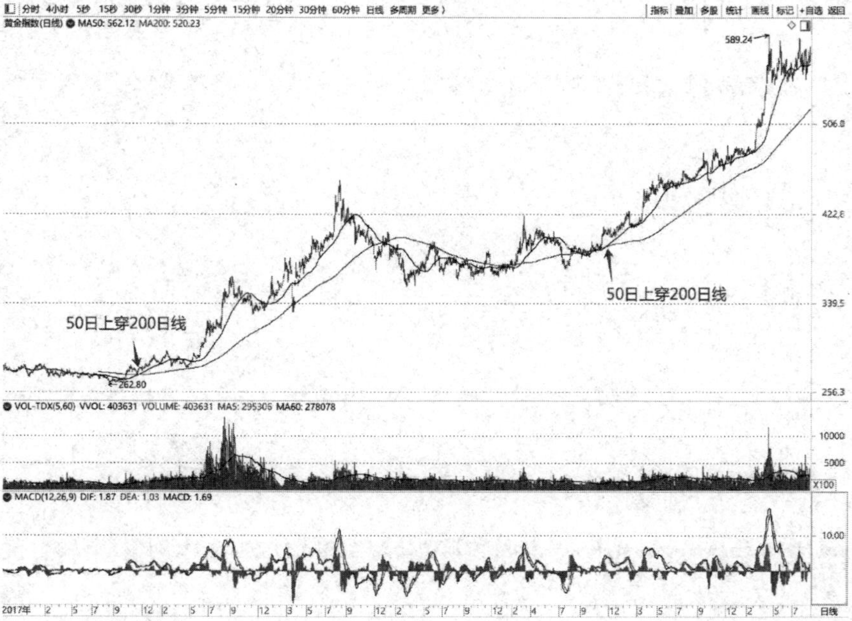

图3　2018年11月和2022年11月现货黄金价格50日和200日的移动平均线

2. 布林线

在黄金市场中，价格波动往往具有高度敏感性。因此，技术派交易者常常借助布林线这一技术指标来捕捉潜在的突破点。布林线由一条短期移动平均线和两条带状区间组成，这两条区间分别位于短期移动平均线的上下两个标准差处。当价格处于平稳或窄幅波动阶段时，这两条线会呈现收窄趋势；而当价格开始波动时，线的间距则会扩大，为交易者提供入场信号。例如，在2022年11月（图中A点）、2023年3月（图中B点）和2023年8月（图中C点），发生了一系列收窄，并伴随着后期的价格突破。这为交易者提供了明确的入场信号，帮助他们捕捉到随后的价格涨幅。

虽然技术指标为交易者提供了有用的参考信息，但也需要交易者在“真刀真枪”的交易中不断磨炼自己的技巧。交易者应该

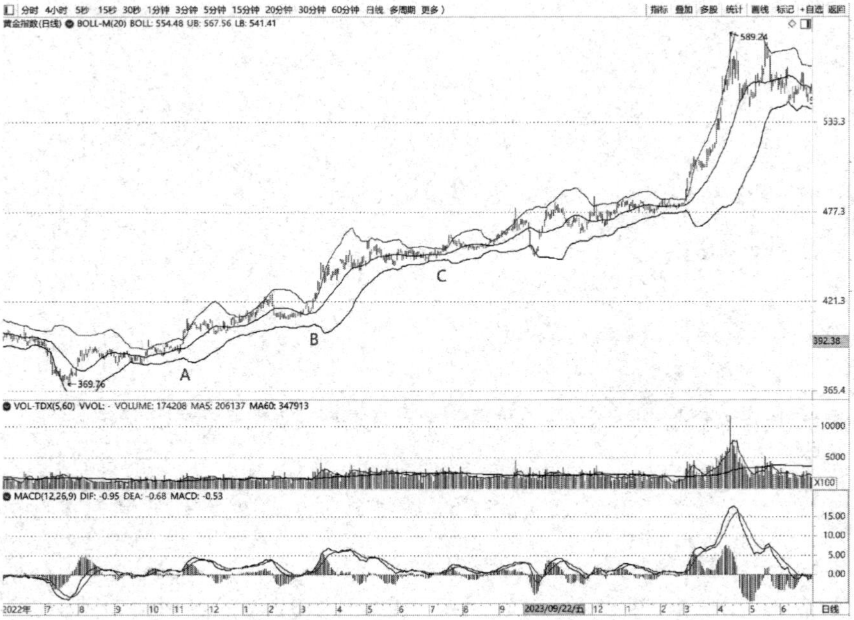

图4　图中的A点、B点、C点发生一系列收窄并伴随后期价格突破

明白，他们无法准确预测市场趋势的转折点或金价的震荡，但遵从趋势进行交易，并愿意承担相应的风险，往往能为交易者带来一定的优势。

霍华德·马克斯所著的《投资最重要的事》一书中写道："最重要的不是预测未来，而是认识到未来无法预测，但可以先做好准备。"总的来说，技术指标是交易者分析市场、识别趋势、确定入场和离场时机的重要工具。

二、趋势逆转的信号与确认

保罗·都铎·琼斯曾说："控制风险是交易成功的关键。"尽管交易者的策略和偏好各异，但我们深信，技术指标仍是投资路上的辅助轮，对于预测市场动向存在独特价值。

当然，凡事总有例外，而震荡指标便是其中一例，它具备非凡的能力去预见趋势的逆转。例如，相对强弱指数就是震荡指标中最常用的一种，它主要通过衡量资产价格的动量变化，帮助交易者判断市场情况。

在黄金市场中，RSI的使用相当广泛，其数值的变化能够影响交易者对交易策略进行调整。通常情况下，强弱指标在0~100之间，当指数高于50则表示市场强势，低于50则表示市场弱势。如果RSI的取值低于30，市场处于超卖状态，适合购入；高于70，市场则处于超买状态，适合卖出。

我的朋友通过观察RSI数值变化判断黄金的超买超卖状态，当数值下跌至 30左右时，黄金价格下跌，这是因为投资者对黄金的信心减弱。他认为金价存在反弹的可能，于是购入一批黄金。他持续跟踪数值变化，当数值不断上升时，他就会抓住时机卖出黄金。通过RSI，交易者能够成功根据数据了解趋势，从而进行合适的操作。由此可见，RSI是黄金市场中把握交易节奏的重要工具。

除此以外，震荡指标还包括随机指标（KDJ）、移动平均收敛发散指标（MACD）、变动率指标（ROC）等。这些指标能够揭示市场即将发生的巨大变革，提供即将发生逆转的信号。但需要注意的是，震荡指标只是一种值得关注的信号，并不是单一的、绝对的依据。正所谓“思深方益远，谋定而后动”。

在牛市盛行的时期，出现逆转信号并不意味着我们必须立刻清空所有多头头寸并转向做空，但它确实是一个重要提示，告诉我们应当加强风险管理措施，重新评估风险敞口，以确保我们的投资策略与市场动向保持一致。在熊市环境中，这一原则同样适用，只是操作方向相反。比如，当市场出现了逆转信号，在牛市中，投资者可以增加黄金投资的比重；在熊市中，可以考虑减仓以控制风险。

逆转信号不仅对短期内的交易管理有着重要的指导意义，而且在长期趋势中，那些微妙的反转迹象，往往为我们提供了难得的切入点。与移动平均线相似，震荡指标在历史价格区间内具有稳定价格波动的作用。这也意味着在某些情况下，它们可能无法完全反映出实际价格图表中的极端价格点。然而，这种局限性在某些情况下却成了优势。

当价格图表的极端峰值和低值与震荡指标的峰值和低值出现不匹配时，这就是背离信号的体现。不论是价格向上的趋势，还是向下的趋势，背离现象都会以相同的方式出现并发挥作用。

在黄金市场中，背离信号具有重要的指导意义，它帮助我们更好地理解市场动态，预测未来的价格走势。背离信号分为顶背离和底背离两种形式，它们在市场中具有不同的意义。因此，我们应当善于利用这些信号，洞察市场的细微变化，从而做出更明智的投资决策。

1. 顶背离

黄金价格的走势在图中呈现出一种引人注目的现象——顶背离。具体来说，当黄金价格的连续两个高点出现时，它们并未与MACD震荡指标的峰值相匹配。这显示出MACD捕捉到的实际高点可能是一个市场趋势即将反转的预兆，这种反转可能破坏原有的上升趋势。回顾2019年9月的黄金市场，我们不难发现这种顶背离的情况并非孤例，在市场强势上涨的时期也曾多次出现。

当市场在2019年10月迎来调整时，调整幅度达到了惊人的7%，对于承受压力的交易者来说，此时采取额外的保护措施或实施多元化策略显得尤为重要。

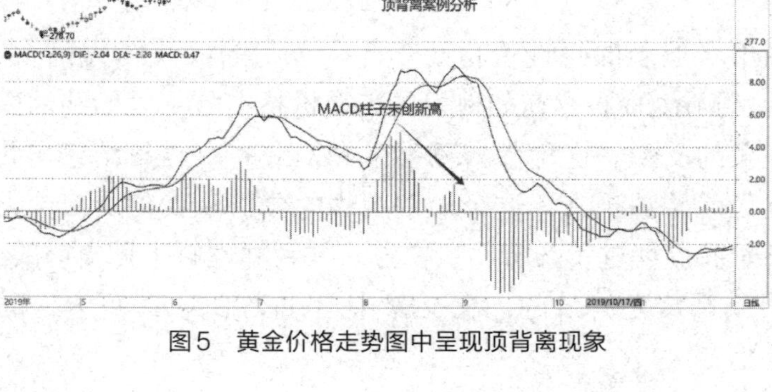

图5　黄金价格走势图中呈现顶背离现象

2. 底背离

而底背离作为顶背离的镜像表现，同样值得关注。由于黄金价格目前依然处于长期上涨的大趋势中，我们更加倾向于关注底背离信号。虽然美联储的信心恢复和利率上调、美元维持世界储备货币地位等因素可能会对市场产生影响，但长期上涨的趋势中，底背离的出现往往被视为买入或进入市场的良好时机。

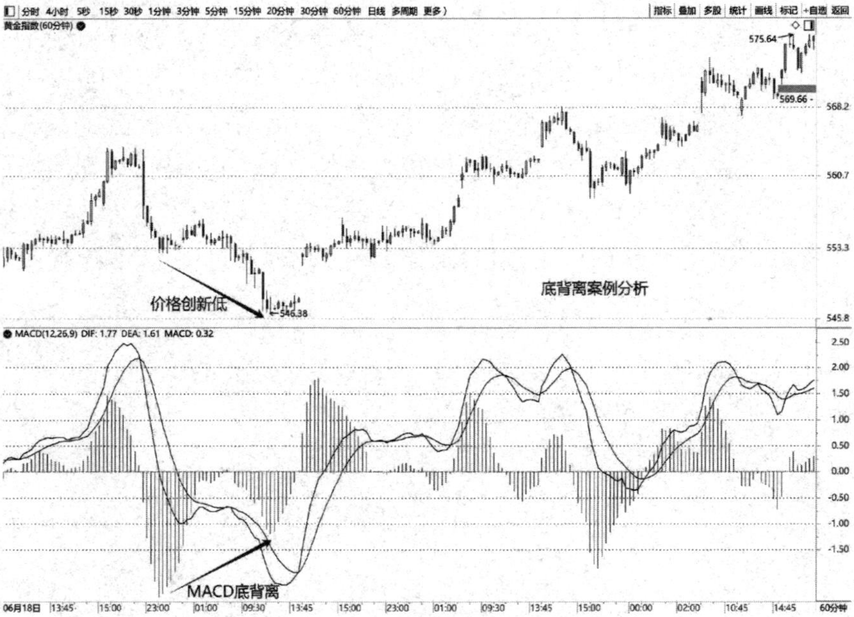

图6　黄金价格走势图中呈现底背离现象

图中所展示的短期价格图表（以60分钟K线图为例），清晰地揭示了MACD底背离如何引导黄金价格在接下来的两周内实现一次完美的反弹。这种背离现象在2024年6月27日结束，此时黄金价格已经明显上涨。这个短期图表的分析让我们明白，无论选择何种时间周期进行分析，只要方法一致并理解短期交易的成本，分析结果都将是有效的。在交易中运用类似MACD这样的指标非常便利，因为它们能够很好地平抑价格极值的过度波动并平滑市场曲线。格雷厄姆曾说：“市场短期爱‘选美’，长期爱‘测体重’。”无论是长期还是短期，这一指标对我们的跟踪都十分有利。

相比之下，指标的滞后性反而能帮助我们更准确地捕捉到价格最可能过度膨胀的时刻，为我们在黄金市场的交易提供更为有效的信号。

我的朋友就擅长通过指标的滞后性获取利润，比如有一次，黄金市场正处于上升行情，所有的投资者都看好未来走势，但是他发现成交量没有放大。这种情况就是市场疲软、价格过于膨胀的表现。于是他决定在价格相对高时，卖出黄金，他认为市场即将出现反转。事实果然如此。因此，对背离形态的分析和利用是十分重要的，也是每一位交易者应当重视的技术分析方法。

虽然技术指标不能保证每次交易都能成功，但正确地运用这些工具可以为交易者带来可观的收益。对于那些希望在黄金市场中取得成功的交易者来说，学习和掌握这些技术指标是必不可少的。

第三节

KDJ 指标：最高价、最低价和收盘价

KDJ 指标，即随机指标。虽然名字中带有“随机”二字，可能会让一些投资者对其可靠性产生疑虑，误以为它难以准确把握，因此不具备参考价值。然而，事实并非如此。

在特定的市场环境下，KDJ 指标具有极高的可靠性，能够为投资者提供有价值的参考信息，帮助他们做出更为明智的投资决策。巴菲特曾说：“一定要在自己的理解力允许的范围内投资。”因此，投资者不应因名字而对其产生误解，而应在实际操作中对其加以运用和验证，从而制定适合自己的投资秘籍。

一、KDJ 指标概览

1. 何为 KDJ 指标

KDJ 指标是技术分析领域中非常新颖且实用的一种工具。该指标起源于期货市场，并随后在现货黄金市场的中短期分析中得

到广泛应用。其名称来源于其所计算的三个主要值：K值、D值和J值。

下图展示了一个典型的KDJ指标图。该图由K线、D线和J线三条曲线组成，通常在交易软件中以不同颜色进行区分。这三条曲线的变化范围均在0 ~ 100之间，尽管J值有时会超过100或小于0，但为了绘图便利，通常会进行相应的调整。在移动速度方面，J线最快，D线最慢，而K线的移动速度则处于中间位置。

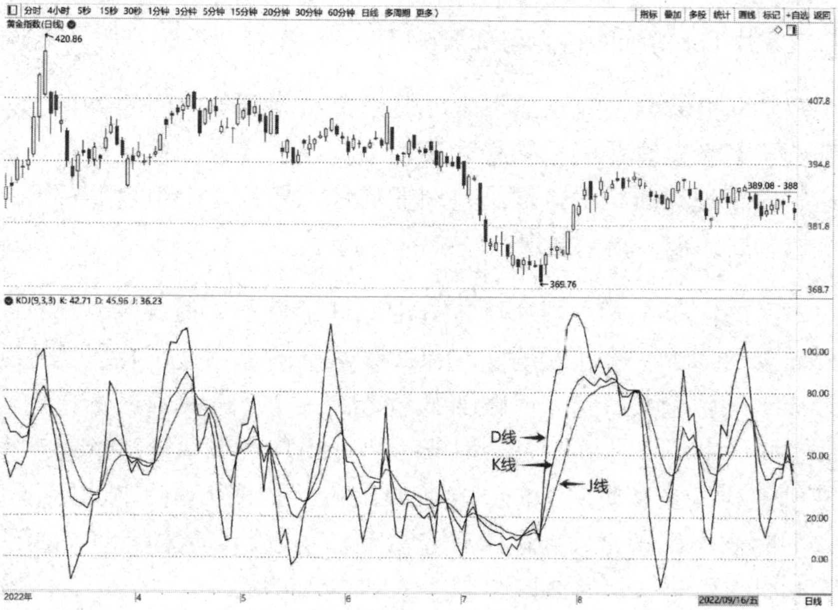

图7　KDJ指标图

2. KDJ指标的基本构成与计算

KDJ指标是通过分析最高价、最低价和收盘价这些原始数据得出的。这些数据经过计算后，会在指标坐标上得出每一个K值、

D值和J值的点。将这些分散的点连接起来，就形成了一个完整的KDJ指标图，用以反映价格的变化趋势。

KDJ指标的计算公式：RSV（未成熟随机值）是基于收盘价、n日内的最低价和最高价计算的，而K值是RSV的m日移动平均值，D值则是K值的m1日移动平均值。最后，J值是通过3倍的K值减去2倍的D值得出。

3. KDJ指标的特点与优势

KDJ指标不仅探究最高价、最低价和收盘价之间的关系，还结合了动量观念、强弱指标和移动平均线的优点。这使得它在迅速、直观地判断行情方面具有明显优势。尤其对于中短期行情趋势的判断，KDJ指标展现出较高的准确性。

我的同事小郑主要通过KDJ指标进行短期买卖，他说过，当K值和D值都不超过20时，如果K线从下向上穿过了D线，这就形成了低位金叉，这个时候买入黄金是一个十分可靠的选择。当K值和D值都超过80，这个时候就可能出现回调风险。继续观察指标变化，在K线从上向下穿过D线时，这就形成了高位死叉，这个时候卖出黄金，就能够锁定盈利。所以，KDJ指标在判断买卖时机方面有一定的准确性。

4. 不同群体的应用要求

由于随机指标能够直观反映行情的快速变化，因此它成为分析中短期趋势的有效技术。然而，对于不同的投资群体，应用随机指标的方式应有所区别。

（1）对于大资金大波段投资者而言，月KDJ值更适合他们，因为它能展示整体大趋势。投资者可在月KDJ值处于低位时把握机会，逐步进场吸纳，从而取得良好的投资效果。月KDJ值在判断行情中具有重要作用，比如某段时间KDJ值在20以下，再结合市场的整体环境分析，就能确认股票是否具有上涨潜力。

（2）周KDJ值往往受到主力投资者的青睐。主力投资者会分析中线波段中的循环高低点，以决定交易方向。很多股民就善于使用周KDJ图进行研究，当他们在图中发现股票处于高位时，就不会选择再购买，而是布局防御性股票，这样就能在股票下跌时减少损失。相比之下，日KDJ周期过短，市场波动范围小，无法形成有效信号，这也解释了为何日KDJ有时会出现钝化现象。

（3）日KDJ或更短周期的KDJ值对于短期投资者来说更具吸引力，因为它们对现货行情的变化更为敏感，能更好地满足即时交易的需求。甚至，对于需要快速决策的投资者，5分钟KDJ等极短周期的指标也可作为参考。

二、KDJ指标的应用指南

KDJ指标在黄金市场中，主要用于判断市场的超买超卖状态和发出买卖信号。投资者在黄金投资的过程中需要明确使用要领，注重运用技巧，并注意一些具体事项，从而做到“高瞻远瞩”，实现精准决策。正如伯妮斯·科恩曾说过：“耐心等待确定信号的出现，避免高风险的模糊不清阶段的盲目投资！”

1. 使用要领

（1）当D值接近或超过80时，市场买盘力量较强，可能引发超买行情，金价有下跌风险；相反，当D值接近或低于20时，市场卖盘力量占优，行情可能超卖，金价有望上涨。

（2）J值超过100时需警惕超买现象，而J值低于10时可能意味着市场处于超卖状态。比如，当J值突破100时，说明价格在短期内快速上涨，多方力量已经强势到顶点，这时投资者可以保留一定仓位继续观望。一旦盛极而衰，空方力量复苏，价格就会下跌。通常情况下，J线的超买信号倾向于对短期内快速涨跌行情的反映。

（3）K线从下方穿越D线时，往往预示着行情上涨，是买入的时机；而K线从上方穿越D线时，则可能暗示行情下跌，投资者应及时卖出。

（4）当K线和D线频繁在50附近交叉时，可能是行情处于调整阶段。说明市场多空双方力量相对均衡，金价处于上下波动的震荡状态，此时投资者需结合J值的偏离情况对K线和D线进行综合分析。

2. 运用技巧

除了掌握使用要领外，投资者还应掌握随机指标的运用技巧。

（1）KDJ指标不仅能反映市场的超买超卖程度，还能通过K线和D线的交叉提供买卖信号。投资者应根据这些信号及时调整交易行为。2023年，金价一路攀升，多次刷新历史纪录。我的朋友小蒋根据KDJ指标，顺应市场趋势，在死叉出现时，及时将黄金卖出，从而避免了资金损失。正如威廉·江恩所说：“顺应趋势，花全部的时间研究市场的正确趋势，如果保持一致，利润就会滚滚而来。”

（2）KDJ指标在大盘分析中更为适用，对于交易量较小或交易不活跃的现货品种，其准确性可能有所降低。因此，投资者在选择使用时需根据具体对象进行判断。

（3）随机指标与行情趋势的背离常是转势的信号，投资者应敏锐捕捉。比如在2018年初，黄金市场出现了顶背离，金价不断上涨并创出新高，KDJ指标的数值却没有同步创新高，反而呈现下降的趋势。这时投资者就应该抓住信号，平掉多头仓位或逆势建立空仓。

（4）当K值和D值上升或下跌的速度减缓，K线和D线趋于平缓时，可能是短期转势的预兆。投资者应对未来趋势变化保持预见性。

3. 注意事项

在运用随机指标进行黄金投资分析时，投资者应留意以下几点以避免潜在的风险：

（1）信号准确性考量：随机指标虽为中短期分析的有用工具，但在金价短期波动剧烈或行情变化幅度较大的情况下，可能发出误判信号。因此，投资者不应过度依赖单一指标，而应结合其他指标及市场信息进行综合判断。沈从文曾说：“任何理论都不如现实具体。”每个人都需要根据自身的实践去选择合适的策略。例如，喜欢观察长期趋势的投资者就可以通过移动平均线识别市场，从而进行综合性判断。

（2）信号频率与实际应用：随机指标，特别是短期指标，其发出的买卖信号可能相当频繁。比如，一个月内，KDJ指标可能多次出现金叉和死叉，这时就要求投资者在解读K线和D线交叉及突破时，需更加审慎，结合价格走势、市场环境、成交量等因素，进行具体分析，避免盲目跟从。

（3）主力操纵的识别：由于随机指标的敏感性及高人气基础，主力有可能利用此指标进行市场操纵，制造K线和D线的假性交叉。比如，成交量突然放大、金价长时间维持在温和的水平、MACD出现背离等现象，都可能是主力在操作。投资者需学会分辨真伪信号，提高对市场操纵行为的识别能力。

（4）J值的特殊情况：在某些情况下，J值可能超出0~100的常规范围。这主要是由于绘图处理的便利性所致。当J线在0和100处呈现直线状态时，投资者需注意J值可能不在标准范围内。这要求投资者在解读J值时保持警觉，避免因范围限制而产生的误解。

KDJ指标是一种重要的技术分析工具，投资者在运用随机指标进行投资决策时，应综合考虑信号的频率、准确性以及可能的市场操纵行为，结合其他分析工具和市场信息，做出更为审慎和明智的决策。“投资不仅仅是关于金钱，更是关于智慧。”我们只有不断实践，才能积累经验、提升能力，从而把握住获得收益的时机。

第四节

BOLL指标：价格变动公式

马尔库塞曾说过："在发达的工业社会里，技术成为控制社会的新形式。"正如在黄金投资市场中，技术指标对投资者而言具有重要参考价值，但仅凭单一指标可能无法全面把握市场动态。除了KDJ指标，我们还需要综合运用多种指标对市场进行全面的分析，从而提升投资的胜率。

我认识一位投资新手，尽管他入市时间不久，却凭着敏锐的洞察力和技术分析，在黄金市场获得了可观的收益。他手中的秘密武器就是BOLL指标，这个指标不但能帮助他清晰地判断市场的支撑与压力位，还能通过观察捕捉市场的强弱信号。这使他在黄金市场操作中不断地规避风险，逐步获得财富的增长。

一、BOLL指标概览

1. 何为BOLL指标

BOLL指标，即布林指标或布林通道线，是一个基于标准差原理的技术分析工具。它由上轨线、中轨线和下轨线三条轨道线组成，这些轨道线共同构成了一个价格运动的通道。

2. 轨道线与价格

下图中，我们可以清晰地看到这三条轨道线。而价格通常在由三条轨道线形成的通道中运动。这种自动调整的通道，宽度可以反映出价格变化的幅度：通道越宽，价格变化就越剧烈；通道较窄则表示价格变动相对平稳。

具体计算公式为：通道宽度=（上轨线—下轨线）÷中轨线，其中三条轨道线是根据价格数据和一定的统计学原理计算得出的。上轨线通常是价格加上两倍的标准差，中轨线是n日的移动平均线，下轨线则是价格减去两倍的标准差。

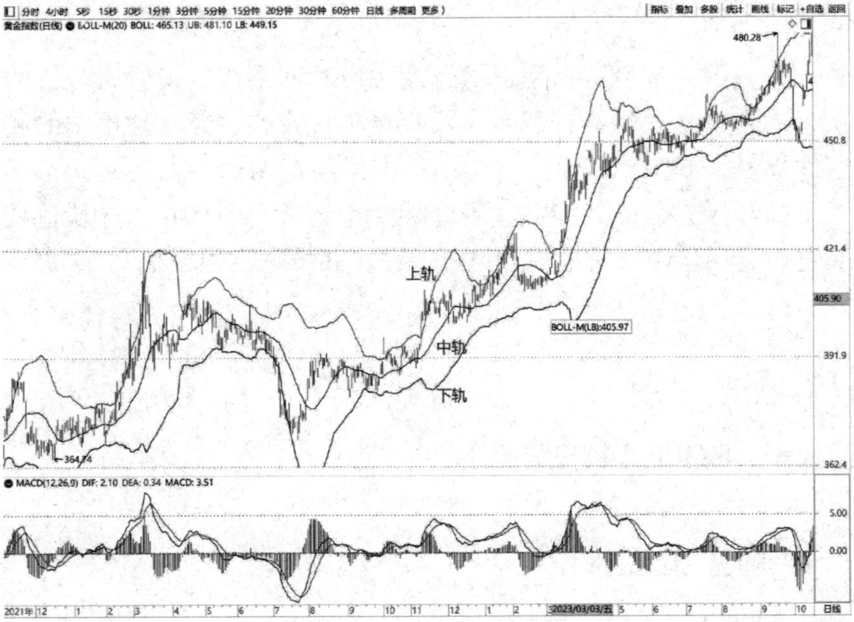

图8　BOLL指标图

3.主要功能

（1）指示支撑位和压力位

BOLL指标中的上轨线是价格的压力位，这就是“天花板”。当金价上涨到上轨线附近，就可能遭遇价格回落，发挥限制过度上涨的作用。而下轨线就是价格的支撑位，相当于“网”，当价格下跌到下轨线附近时，支撑位就会防止其过度下跌。索罗斯曾说过：“市场总是对的，但价格并不总是对的。”投资者需要在尊重市场规律的前提下，通过金价在上轨线和下轨线的运行，感知买入卖出的信号，从而获得收益。

（2）判断市场强弱

BOLL指标能够通过价格与中轨线的位置关系，判断市场的强弱。如果价格持续在中轨线以上运行，则表明市场处于相对强势的状态，反之则证明市场处于弱势。

4.BOLL指标设置与风险偏好

（1）风险偏好型

“若是怕狼，就别进森林。”有一些投资者不怕“狼”，愿意承担较高的风险，去追求更高的盈利，他们就属于风险偏好者。在设置BOLL指标时，可以增加标准差的倍数，从而能够捕捉更大的价格波动。

（2）风险规避型

而注重风险控制，追求稳健收益的一些投资者就属于风险规避者。在设置BOLL指标时，可以减少标准差倍数，使上下轨线距离较窄，从而降低交易风险。我的朋友小秦曾经在进行黄金投资时，将一部分资金用来购买实物黄金，而另一部分资金则拿来投资黄金ETF和矿业公司的股票。实际上，他就是通过分散资金来降低单一资产为整体投资带来的风险，从而实现资产的保值增值。正所谓“不要把所有的鸡蛋放在一个篮子里”。

BOLL指标能够通过动态的通道宽度反映价格的剧烈变化，为投资者提供买卖信号和市场趋势判断的依据。投资者可以根据自身风险偏好调整指标参数，从而能够在黄金市场的交易中更好地进行交易。

二、BOLL指标应用指南

尽管BOLL指标被广泛应用于各类市场分析中，但对于其有效性，投资者的看法却存在分歧。有些投资者认为BOLL指标能精准确认买卖点，是值得相信的依据；而有些投资者则认为，单一的指标并不可靠，需要结合多种指标综合分析。我们需要深入探讨BOLL指标的应用方法和主要缺陷，以帮助投资者更好地理解和运用这一工具。

1.应用方法

（1）观察金价与轨道线的关系

在运用BOLL指标时，投资者可以通过金价与三条轨道线的位置关系，获取有关趋势和反转信号的信息。例如，金价处于中轨线上方运行并逐渐上升时，通常是上涨的信号，投资者可以适当持仓，保持观望态度，等待更好的交易时机；当金价沿着中轨线运行并逐渐下降，就可能暗示市场处于下跌的态势，持仓风险加大。在这种情况下，投资者宜在价格接近中轨线之前适度减仓，甚至直接平仓以规避风险。

当金价突破上轨线后回落，但并未有效突破中轨线时，这可能是一个潜在的买进信号。投资者可以关注市场动态，在价格较低时适度买进，以期待接下来的行情转好。当金价跌破下轨线后回升，但同样未能有效突破中轨线时，这可能是一个潜在的卖出信号。此时，投资者应及时调整交易策略，在价格较高时平仓，以避免损失扩大。

（2）关注通道宽度变化

BOLL指标的通道宽度变化也是判断市场走势的重要依据。当通道宽度突然出现剧烈变化时，表示价格即将发生重大转变。此时，投资者应综合其他指标，对未来市场趋势进行更准确的预测。如果价格运行在中轨和上轨之间，且通道宽度适中，则投资者可以考虑在价格低点买入黄金。

通过观察金价所处位置和关注通道宽度变化，投资者可以更有效地运用BOLL指标进行金市交易决策。

2. 主要缺陷

尽管BOLL指标能够提供众多做单信号，但其固有的缺陷也不可忽视。特别是当市场价格突破中轨线时，所发出的买卖信号并不总是十分明确和强烈。这种情况可能导致交易者因频繁的操作而耗费不必要的手续费，甚至可能出现因信号不稳而导致的高买低卖情况。

在运用BOLL指标时，交易者通常会根据价格突破下轨线来决定买入做多，而当价格跌破上轨线时则选择卖出做空。在一般情况下，确实能够帮助交易者实现高抛低吸的策略。高抛低吸策略的核心思想就是在价格上升时卖出，即高抛；在价格下降时买入，即低吸。假设股票的BOLL指标的中轨线为200元，上轨线为240元，下轨线为160元。如果股票价格在某一日跌至158元，低于下轨线，这时就是一个低吸的好机会；如果股票价格开始上涨达到230元，接近上轨线，这时可能是高抛的时机。对交易者来说，实际操作可能会涉及更多的因素。

然而，当股价的变动幅度较小时，价格往往难以触及或突破上轨线和下轨线，这使得买卖信号变得不那么明显。即使价格短暂突破这些轨道线，也可能因为市场波动小，价格难以再次回归到BOLL通道内。当股价经历剧烈变动，受到市场上的重大利多利空因素影响时，BOLL指标的预测能力可能会受到一定限制，其滞后性无疑给交易者的决策带来了更大的挑战和不确定性。

尽管BOLL指标具有一定的交易指导意义，但在实际运用中，交易者需对信号的强度和股价的变动情况进行综合评估，谨慎决策，以降低交易风险。有句话是这样说的："有个对手是你永远打不过的，那就是趋势。"只有在持续学习和不断实践中总结经验，交易者才能在黄金市场中更好地把握市场趋势，从而获得可观的盈利。

第五节

MACD 指标：交易信号

MACD 指标是交易市场中除随机指标和布林带之外的又一核心技术指标。与其他两个指标相比，MACD 指标的呈现方式更为一目了然，使得投资者能够迅速地通过观察MACD 指标来把握交易方向，其便捷性不言而喻。

我的朋友小曹在投资的过程中，偶然发现了MACD 指标，经过学习后，决定将这种技术指标运用到自己的黄金交易策略中。在一次交易中，他注意到金价的指标出现明显的金叉信号，表明价格短期内会向上反转，于是果断购入。在小曹买入后不久，金价就开始持续上涨，MACD 指标的红柱力量逐渐增加，这与理论完全一致。这时小曹意识到，此时继续持有黄金，就能够获得收益。

一、MACD指标概览

1. 何为MACD

MACD即指数平滑异同移动平均线，是双移动平均线技术进一步发展的产物。它以两线两柱的形式传递交易信号，这两线指的是DIF（正负差）线和DEA（异同平均数）线，两柱则是红柱和绿柱。投资者只需观察这两线两柱的变化，便能快速判断市场趋势，把握交易方向。这也是MACD指标备受青睐的原因之一。

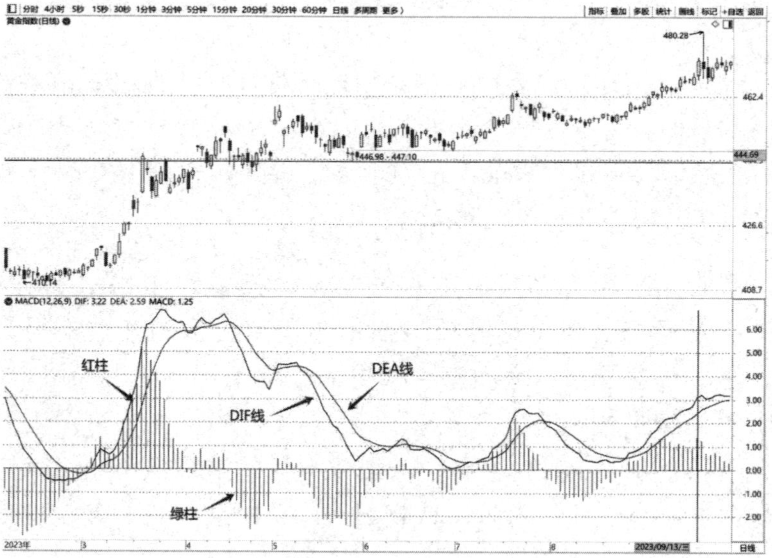

图9　MACD指标图

2.MACD指标如何解图

具体而言，MACD通过计算快速平滑移动平均线（以12日和26日为例）的差异来生成信号。快速线的EMA（指数平滑移动平均线）计算基于今日的收盘价和前一日的EMA值。同理，慢速线的EMA也是基于一定的周期进行计算。DIF线则是快速线和慢速线之间的差值。

赞格威尔曾说："世间万物皆处于不断变化之中。" MACD指标也在不断地变化，当MACD的值由负转正，即从绿色柱状变为红色柱状时，这通常被视为买入的信号。相反，当值由正转负，即从红色柱状变为绿色柱状时，则视为卖出的信号。

除了数值和柱状颜色的变化，投资者还可以从MACD图中的两条曲线宽度获取信息。两条曲线间的宽度越大，表示金价的波动越激烈。这一规律如图9所示。

3. 参数设置

MACD指标的参数设置对其表现有着重要影响。虽然常用的参数是12日、26日和9日（分别对应快速平滑移动平均线、慢速平滑移动平均线和DEA线的计算周期），但对于投资者自身而言，可以根据市场情况进行调整。例如，在波动较大的市场中，可以适当缩短参数周期以提高MACD指标的敏感性；而在波动较小的市场中，则可以适当延长参数周期以减少干扰。

二、MACD指标应用指南

1. 不同群体的个性化使用

（1）新手投资者

对新手投资者而言，MACD指标提供了一个相对直观且易于理解的交易信号系统。我建议新手投资者从基础的MACD指标解读开始，重点关注DIF线和DEA线的交叉情况，以及红柱和绿柱的变化。在新手交易者刚入市时，可以采取保守的交易策略，比如在MACD指标发出明确的买卖信号时进行交易，并设置止损点控制风险。

（2）稳健型投资者

稳健型投资者通常更注重风险控制，偏向长期稳定的收益。很多小额股民都倾向于在风险较低的市场环境中投资黄金，他们通常会结合MACD指标和长期均线进行综合判断，当两者都发出买卖信号时，再进行交易。此外，MACD指标的背离现象也是稳健型投资者捕捉市场反转信号的好帮手。但马基雅维利曾说："所有的行动都是有风险的，所以审慎不是为了避开危险，而是为了评估风险和果断决策。"稳健型投资者正是通过这种分析和决策，在合适的时机果断行动。

（3）激进型投资者

激进型投资者倾向于追求更高的收益，愿意承担更大的风险。为了更快地捕捉市场的短期波动，这类投资者可以考虑缩短MACD指标的参数周期，比如将快速平滑移动平均线的参数从12日调整为6日，从而提高指标的敏感性。但需要注意的是，这种交易方式可能增加交易成本，并面临更高的交易风险。

2.使用要领

MACD指标的使用需要投资者从数值和形态进行分析，可以参考以下几个关键要点：

（1）金叉信号：当DIF线从下方突破DEA线并向上穿越时，

这表明市场趋势可能发生转变，是一个潜在的买入信号。

（2）死叉信号：当DIF线从上方跌破DEA线并向下穿越时，市场可能进入调整或下跌阶段，投资者应考虑及时卖出。

（3）正负转变：当MACD的数值由负变正，或绿柱变为红柱时，表示市场从空头转为多头；反之，则表示市场从多头转为空头。

我的同事一直关注黄金市场的走势，在某段时间金价突然由负转正，柱状图由绿色转为红色，他认为这是一个可以买入的时机，于是购入了一批黄金。在买入后，金价开始逐渐上涨，红柱也逐渐变长，我的同事依旧持仓并选择加仓。当金价出现波动时，他认为这只是市场波动的正常现象，不足以关注，没有选择卖出仓位。结果，后续红柱开始缩短才意识到错失良机，匆忙卖出，这才免去一大笔损失。

投资者要在MACD指标中不断观察，抓住时机，才能获得收益。

（4）0轴线策略：当DIF值和DEA值均在0轴线以上时，市场整体呈现多头趋势。若此时DIF线再次上穿DEA线，可考虑适度买入；反之，两者均在0轴线以下时，市场为空头趋势，应及时减仓。

（5）背离现象：当DEA线的趋势与K线图呈现背离时，这可能是一个市场反转的信号，投资者需密切关注市场动态。例如，金价在某阶段创出新高后，开始下跌，但是MACD指数并没有随着金价的下跌，而是呈现出震荡上行的趋势，这时就是明显的底背离状态。此时投资者需要耐心等待，直到底部出现持续堆量或放量的信号，再开始操作。

（6）盘整期分析：在市场盘整期间，DEA线可能出现误判，此时投资者应结合其他指标进行综合分析，避免被误导。比如通过RSI进行综合分析，如果RSI值超过70时，投资者应该谨慎买入；当RSI低于30时，这时投资者可以考虑买入。

3. 运用技巧

除了基本的使用要领外，MACD指标还有一些运用技巧。哈罗德·摩尔曾说："不要为了交易而交易。"投资者要有明确的交易策略，从而更好地把握市场。

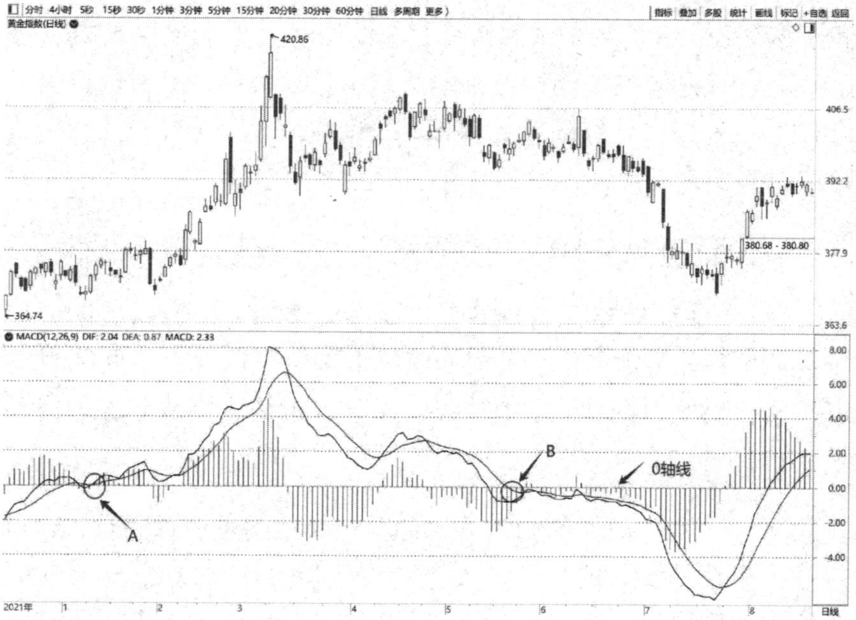

图10　MACD指标运用技巧图

（1）多头市场策略：当DIF线和DEA线均在0轴以上时，很可能是多头市场，投资者可适度做多。

（2）空头市场策略：当两者均在0轴以下时，可能是空头市场，投资者需谨慎做空。我的同学小金在一次投资中就注意到可能存在空头市场的情况，但没有急于卖出，而是进行观察，确认空头信号的有效性。后续的观察中，他利用KDJ指标进行综合分析，印证了空头信号是有效的，于是果断卖出以避免损失的扩大。如果投资者遇到类似小金的情况就需要谨慎行动，结合其他分析工具进行综合判断。

（3）金价波动判断：当DIF线与DEA线之间的红柱或绿柱较长时，表明金价波动剧烈，投资者需对风险有所把握。

（4）牛皮市应对：在牛皮市中，MACD指标可能失真，此时投资者应多参考其他指标进行综合分析。当市场处于牛皮市时，金价会在相对狭窄的区间内波动，没有明显的上涨或下跌趋势。这个时候，MACD给出的指标是频繁且混乱的，我们不能直观地判断金价的走势。此时就需要结合RSI、BOLL等指标进行综合判断，这样才能发现黄金市场的真实情况。

4.主要缺陷

（1）短期交易适用性不强：尽管MACD指标为投资者提供了直观的做单方式，但由于其自身特性，它在短期交易中的参考价值相对较弱。由于买卖价差（买进价与卖出价之间的差距）以及日内价格波动范围通常较大，当市场价格波动较小或处于盘整状态时，MACD指标会频繁发出买卖信号。这可能导致投资者在执行短期交易时，难以实现稳定的盈利。

（2）大涨幅行情下的参考局限性：MACD指标在行情变化上存在一定的滞后性。当市场价格出现大幅上涨或下跌时，如果投资者仅依赖MACD指标进行交易决策，可能会错失交易的良机。

因此，在涨幅过大的行情中，MACD 指标的参考价值会相对减弱。

（3）无法预测未来走势：由于MACD 指标是基于历史数据进行计算的，所以它无法对未来的趋势进行预判，投资者需要制定相应的策略来应对。“最重要的不是预测未来，而是认识到未来无法预测，但可以先做好准备。”例如在极端行情下，对于MACD 指标的使用保持谨慎态度，不能盲目相信。

虽然MACD 指标为投资者提供了有用的交易工具，但在短期交易和行情涨幅较大的情况下，其参考性会受到一定的限制。投资者应结合其他技术分析指标和市场信息，进行全面的分析和判断，以制定更有效的交易策略。

第六章

本金变万金的方法

黄金

应该怎么买

第一节

不想亏大钱，就得管好钱

以钱生钱是交易市场的真谛。所有交易者都希望自己手中的资金能通过有效的管理实现增长，甚至翻几番。交易市场确实是来钱较快的途径之一，像沃伦·巴菲特这样的投资大师在积累了一定资产后，便会退居幕后，凭借敏锐的商业眼光投资那些具有潜力的企业，以资金入股的方式实现财富的持续增长，进一步以钱生钱。然而，并不是所有人都能在交易市场中获利。

一、交易者的风险必修课

沃伦·巴菲特曾说："第一条：保住本金最重要。第二条：永远不要忘记第一条。"在金融交易中，资金管理常被忽视，但其对整体盈利却至关重要。与交易新手交流时，我们发现，他们的账户出现大量损失，往往与资金管理不善密切相关。

在交易大厅，我曾遇到一位新手。他听闻某货币的行情看涨，便将所有资金重仓投入，未设置止损。起初，他小有盈利，心里特别高兴，坚信自己眼光独到。然而，市场突变，汇价急转直下，他的账户瞬间被套牢。短短一周内，他的资金缩水超七成，从10万元跌至不足3万元。

对于主动型交易者而言，资金管理的重要性甚至超过了基本面分析、技术分析、流动性管理和资产配置。资金管理策略可用两个简洁的概念来概括：保持交易规模的一致性和轻仓操作。

1. 保持交易规模的一致性

保持交易规模的一致性是资金管理策略的核心，这一概念得到了众多相关著述的有力支持。事实上，许多有效的头寸管理策略的主要优势，都可以通过维持交易规模的一致性来实现。这不仅有助于交易者保持稳定的交易心态，还能为其提供更清晰的决策依据。

1988年，巴菲特决定投资可口可乐公司。当时，可口可乐的市场估值已经超过了15倍市盈率，比市场平均水平高出三十个百分点。尽管如此，巴菲特还是决定进行这笔投资，因为他看到了可口可乐的长期价值和品牌影响力。他分三次买入可口可乐共计7.8%的股份，加上后来公司拆股、回购，一共持有9.4%的可口可乐股份。巴菲特买入后一直持有至今，从未售出，并宣布可口可乐是伯克希尔为数不多的永久性持股之一。

事实上，保持交易规模的一致性是巴菲特非常出名的投资策略之一。除了可口可乐，巴菲特还投资了华盛顿邮票、美国运通、喜诗糖果等。他通常长期持有股票，持股期限多超20年，从不因股市短期波动而轻易减持。而这也正是巴菲特成为金融领域常青树的原因之一。

2. 轻仓操作

轻仓操作是保持一致性的基础。如果交易者习惯重仓交易且频繁踩错节奏，其投资组合可能遭受重大损失，严重影响后续交易的持续性。对于资金量有限的交易者来说，轻仓操作尤为重要，因为每笔交易都需谨慎考虑，避免过度暴露于风险之中。

我曾带一位朋友进入交易市场，他有10万元启动资金。当时，一只热门科技股备受市场青睐，许多投资者都重仓买入。朋友虽然也对这只股票充满期待，但想起我常提的轻仓操作原则，决定仅用2万元小试牛刀。

起初，该科技股走势强劲，连续攀升，朋友的账户迅速增值，2万元很快变成了2.5万元。然而好景不长，市场突然传出该科技公司业绩不及预期的消息，股价应声暴跌。许多重仓的投资者损失惨重，账户大幅缩水。而这位朋友因轻仓操作，损失有限，2.5万元仅跌至1.8万元，虽有亏损，但仍在可控范围之内。

资金管理策略在金融交易中至关重要。只有合理管理资金，交易者才能在复杂的市场环境中立于不败之地，实现长期稳定的盈利。

二、把握风险边界，资金管理才稳当

伯妮斯·科恩曾说：“耐心等待确定信号的出现，避免高风险的模糊不清阶段的盲目投资。”在短线交易中实施资金管理策略时，交易者需明确两个问题：一是愿意承受多大的投资组合损失比例；二是在特定交易中可承受多大的风险。一旦这两个问题明确，交易者就能清楚知道某笔交易应投入多少资金，从而更好地管理头寸。

1.你能承受的最大损失

关于你能承受的最大损失这个问题，其实并不像表面看起来那么难以回答。实际上，通过一些科学的方法和策略，我们可以更容易地得出答案。首先要明确的是，虽然有一些现成的公式和算法可以帮助我们计算出某一笔交易中最优的投资比例，但这仅仅是一个起点。每个人的风险承受能力、投资目标和市场经验都不同，所以从较小的投资额度开始，并随着实践和市场反馈逐渐调整，是更为明智的选择。

（1）科学设定投资比例

通常，我们建议投资者在开始时将投资组合中风险资产的比例设定在1%~5%。这是一个相对保守且实际可行的范围，既能为投资者提供一定的收益机会，又能确保在面对市场波动时不会承受过大的损失。为了方便理解和操作，我们可以默认设定一个投资风险资产的比例，比如3%。举个例子，如果你拥有10万元的资金，你愿意将其中的3%用于金融投资交易，那么你的单次交易规模就是3000元。这样的设定既不会让你过度冒险，也给了你足够的空间去探索和学习。

我有个同事手里有15万元，保险起见，他决定每次投资只拿出3%的钱，也就是4500元。有段时间，同事看中了一只白酒股。虽然白酒股当时行情不太景气，但他研究后觉得该股有反弹的希望。于是，他以4500元入场。结果随着市场波动，该股一度下跌，他的账户也缩水到3800元。好在他只投了4500元，损失仅为700元。这个例子也从侧面反映出，在面对像2024年1月A股市场那样的大幅波动时，合理的资金管理策略是多么重要。

根据21财经的报告，2024年1月的A股市场波动较大，整体表现不佳，许多投资者的账户出现了显著缩水。对于主动型投资者来说，市场的波动和变化是常态。虽然成功的喜悦和失败的苦楚常常交织在一起，但交易中成败的概率并不总是均匀分布。你的账户表现会随着头寸规模绝对金额的扩大或缩小而产生变化，关键在于，你投资风险资产的比例应始终保持稳定。

（2）避免情绪化决策

正如威廉·欧奈尔所说："经验显示，市场自己会说话，市场永远是对的，凡是轻视市场能力的人，终究会吃亏的。"在交易过程中，我们可能会遇到各种情绪的波动。当你连续获得盈利时，可能会产生增加仓位的冲动；而当你遭遇连续亏损时，又可能会心灰意冷，想要削减仓位规模。然而，抑制这些情绪化的决策，保持冷静和理性，耐心调整每次交易的规模，才能在面对市场的各种挑战时保持稳定，不至于一败涂地。

在交易大厅，我见过不少交易者因情绪化决策而吃亏。比如常见的新手赚了几笔小钱后，特别兴奋，一下子把仓位加到顶。结果市场一变脸，他的账户就像坐过山车一样，亏得一塌糊涂。还有个老兄，连着亏了好几回，心情糟糕透了，仓位减得只剩个零头。市场一反弹，他只能眼睁睁看着别人赚钱，自己却错过机会。

情绪化决策是投资的大敌，只有保持冷静，合理调整仓位，才能在市场中稳健前行。

2. 你愿意承担的风险程度

在探讨交易风险承受度的问题时，杠杆的作用显得尤为关键。

对于一笔交易，我们应如何衡量并确定愿意承担的风险呢？一般来说，对于类似股票或期货合约的杠杆头寸，我们建议的风险敞口为标的资产价值的20%。这是一个相对合理的阈值，既能帮助投资者追求收益，又能有效控制潜在损失。

正如古语所言：居安思危，思则有备，备则无患。虽然我们可以通过考量波动性的差异来对交易策略进行微调，但这些调整通常只能在头寸管理的一致性原则下产生约10%的效果。

我有个朋友小李，手里攒了20万元，琢磨着进军股市。他心里清楚自己的风险承受能力有限，决定先计算风险承受度。他照着网上的建议，决定每次只拿5%的钱去冒险，也就是1万元。小李看中了一只潜力股，用1万元买入。市场波动时，股票下跌，他的账户一下子跌到了8000元。可小李一点也不慌，因为他知道这点损失在他能接受的范围内，才占他总资金的1%。

投资大师索罗斯曾说："承担风险，无可指责，但同时记住千万不能孤注一掷。"合理设定风险承受度不仅能帮助我们控制损失，还能让我们在市场波动中保持冷静。随着经验的积累，我们可以在不改变整体决策过程的前提下，更轻松地进行一些细微的调整。这需要我们保持灵活，同时坚守原则，不断学习和适应市场的变化。

资金管理策略在黄金交易中同样至关重要。无论是保持交易规模的一致性，还是轻仓操作，抑或是合理设定风险承受度，都能帮助交易者在市场波动中稳健前行。只有科学管理资金，控制风险，避免情绪化决策，交易者才能在市场中立于不败之地，实现长期稳定的盈利。

第二节

多少出资金额是最合适的

在变幻莫测的黄金投资市场，无数投资者怀揣着财富梦想踏入，却也常常因忽视风险掌控与资金管理而折戟沉沙。比如我曾目睹一位朋友，因重仓且未设止损，在一次市场突变中账户瞬间亏损超半，从此对市场失去信心。其实，黄金交易不仅是对市场趋势的把握，更是对风险与资金的精细管理。正如罗伊·纽伯格所说："投资的成功是建立在已有的知识和经验基础上的。"只有掌握其中的艺术，才能在这个充满诱惑与挑战的市场中稳健前行，实现财富的长期增值。

一、黄金交易市场的两大风险

在黄金交易市场中，有两大因素极易导致亏损，对交易结果也有着深远的影响，却常常被忽视。首先就是不设止损，这是交易中的大忌。止损作为风险控制的重要手段，能够在市场转向时悬崖勒马，避免大额损失。然而，若投资者忽视止损设置，再配合重仓交易的习惯，便如火上浇油，可能会引发灾难性的后果，如爆仓或被迫提前出局。

2024年10月25日，国际金价为每盎司2725美元，国内金价为621.4元每克。我的一个同事在2024年10月初，以每盎司2700美元的价格买入了黄金期货，计划在价格达到每盎司2800美元时获利了结。然而，他没有设置止损。就像巴菲特说的那样，风险来自你不知道自己正在做什么。黄金在10月25日价格达到每盎司2800美元后，市场突然反转，价格迅速下跌。他心存侥幸，认为价格还会反弹，结果在11月10日价格跌至每盎司2684美元时，不得不割肉卖出。

重仓交易看似能够快速实现资金翻倍，但一旦方向判断失误，所带来的亏损也将极为惊人。在高杠杆的黄金市场中存在“一夜暴富”的巨大诱惑。在这种诱惑下，许多投资者难以自控，重仓、满仓交易成了他们的常态，而当损失真正来临时，后悔往往为时已晚。“错误并不可耻，可耻的是错误已经显而易见了却还不去修正”。

2024年，一位交易者在Exness平台上进行黄金交易。这位交易者在黄金市场中多次尝试补仓，希望能够抓住市场的波动，实现盈利。然而，由于市场分析不足、情绪交易以及风险管理不当等原因，连续40次的补仓都以失败告终。

资金管理在黄金交易中具有至关重要的地位。有效的资金管理方法不仅关乎单次交易的盈亏，更关乎投资者的长期生存与发展。为了更好地实现这一目标，投资者应遵循以下基本原则：

初次下单的资金应限制在总资金的10%以内，这样可以避免因单次交易的失误而对整体资金造成过大冲击。我朋友刚开始做黄金投资时，用总资金的8%买了黄金，结果行情不稳，他小亏了一笔，但因为资金投入少，损失不大，还能继续在市场里寻找机会。

任何时候，下单资金都不应超过总交易资本的一半。这有助于保持资金的流动性，为后续的交易操作留出足够的空间。根据上海黄金交易所的数据，2025年1月21日，黄金的成交量达6943.391百万人民币，相较于1月17日的6821.449百万人民币有所增长。如果投资者在市场波动较大时，将超过一半的资金用于单次交易，一旦资金被套，就无法及时调整策略或抓住新的交易机会。

当单次投资失败时，亏损金额必须控制在总资本的10%以内。通过严格控制每次交易的最大亏损额度，可以有效保护投资者的资金安全。

每笔交易的潜在风险与潜在利润之比至少应是3∶1，只有这样，交易才值得去做，才有助于提高整体的盈亏比，增加盈利的概率。

黄金交易不仅是技术分析和基本面的博弈，更是一场关于资金管理和风险控制的战争。古语有言：欲速则不达。只有那些在交易中严格遵循资金管理原则，能有效控制风险的投资者，才能在这个市场中长久生存并获得丰厚利润。

二、动态调整资金管理策略

在投资领域中，合理的资金管理策略应遵循两大原则，以确保投资者在交易过程中既能获取收益，又能有效控制风险。

第一个原则是建立科学明智的资金管理方法。通常情况下，投资者在进入市场前需要确定用于交易的资金的百分比。这需要根据个人的风险承受能力、市场波动性以及投资目标来决定。例如，当市场情况正常时，投资者可以考虑将一部分资金（如总资金的5%）用于承担风险。假设账户总金额为10万元，那么可以拿出5000元用于交易。

然而，资金管理并非一成不变。当账户资金出现亏损时，投资者需要调整策略。例如，当账户资金亏损达到5%时，应转为保守账户，将用于承担风险的比例降低至2.5%。这样做是为了保护剩余的资金，避免因连续亏损而导致资金大幅缩水。

同时记住，即使经历了一段时间的亏损，只要还保留有资金，就还有翻盘的机会。相反，如果资金全部亏损，那么一切努力都将付诸东流。

要实现盈利，投资者必须敢于冒险，但风险的大小应根据资金数额来决定。当投资者通过交易赚取利润时，可以适当增加用于交易的资金的百分比。例如，当账户金额增加到13万元时，可以将支配资金的百分比从原来的6%提高到8%，再加上20%的利润作为积极性的支配资金。这样，即使账户金额增加，投资者依然能够保持合理的风险控制。

第二个原则是保持资金管理比例的一致性。也就是说，在相同的时间段内，应使用相同比例的资金进行交易。这是因为交易是一项需要长期坚持的投资和事业性决策，保持资金管理比例的一致性有助于投资者在市场中保持冷静，避免因情绪波动而做出错误决策，同时也利于投资者生存下来并实现长期投资目标。

华安基金在黄金投资领域深耕十余年，管理着行业中规模较大的黄金ETF。华安基金建议，黄金在投资组合中的比例通常为

5%~15%，具体比例应根据投资者的风险承受能力、投资周期、市场环境和个人偏好来定。

我的邻居张先生有50万元资金，根据华安基金的建议，将其中的10%即5万元配置到黄金ETF。过去几年，市场波动频繁，但他始终坚持着这一资金比例进行投资。黄金价格上涨时，他获得稳定收益；市场下跌时，因资金管理比例一致，他也避免了过度亏损，保持了资金流动性。

合理的资金管理是投资成功的关键。通过科学设定与适时调整交易资金比例，及保持资金管理比例一致性，投资者既能把握盈利机会，又能有效规避风险，实现资金的长期稳定增值。

三、资金管理的长久生存策略

在黄金投资市场中，生存的艺术往往取决于投资者如何妥善管理自己的资金和仓位。哪怕你经验尚浅、技术稍差，只要能坚守一定的亏损限制，依然可以在这个市场中长久生存。而要真正做到这一点，就需要掌握一些关键的生存原则。

（1）生存的首要原则：适度亏损

投资不可能一帆风顺，适度亏损是必修课。想象一下，如果你每次交易都将亏损控制在2%以内，那么你的资金就会有足够的时间和机会来恢复并实现盈利。正所谓，留得青山在，不怕没柴烧。这种策略虽然不能百分之百保证资金安全，但能让你在每次决策失误时都有机会重新开始。

我认识一对兄弟。哥哥初入黄金投资市场，怀揣着一夜暴富的梦想，交易时却毫无节制，总是重仓买入。有一回市场突变，他的账户瞬间亏损近30%，元气大伤，心态也崩了，从此一蹶不振。而弟弟每次交易都严格地将亏损控制在2%以内。虽然遭遇市场波动，但大部分资金得以保全，慢慢回血，最终在市场中稳步立足，实现了稳健盈利。

（2）停止交易的警戒线：账户亏损超过20%

当你的账户亏损超过20%时，应当立即停止交易。这并不意味着这种管理方式能完全保障资金安全，但它能让你停下来反思，重新评估市场状况和自己的策略，从而避免更大的损失。

2024年12月18日，黄金价格从2652美元附近下跌到2633美元附近，日线收带上下影线的小阴线。如果投资者在高位买入，没有及时止损，账户亏损可能会迅速超过20%，造成巨大损失。这种价格波动在黄金市场并非个例，历史上类似情况多次出现，重仓且不设止损的投资者往往损失惨重，而设置合理止损线能有效规避风险。

总之，黄金投资市场充满机遇与挑战，风险掌控与资金管理是制胜关键。只有遵循适度亏损、及时止损、合理分配资金等原则，投资者才能在黄金投资的长跑中，避免重大损失，实现财富的持续增长。

第三节

长线和短线交易怎么建仓

在黄金投资领域，行情分析只是交易的起点，除了单纯的技术分析和基本面考量之外，更为关键的是仓位管理。《周易》中有一句话：君子以思患而豫防之。仓位管理不仅关乎进场、加仓、减仓和出场的时机，更涉及资金管理和风险控制等核心要素，而这恰恰是众多交易者常忽视的部分。有投资者在2024年5月黄金价格突破每盎司1760美元的高点时重仓杀入，但在半个月后价格跌破1700美元时，不得不亏损清仓。

实际上，长期交易的成败往往取决于这些被忽视的环节。黄金投资是高杠杆、高风险的品种，小资金可以博取大收益，但一旦判断失误，损失也将是巨大的。然而，投资者往往只关注收益，不愿预测可能的损失，人性的贪婪在此暴露无遗。

一、两大仓位管理方式

仓位管理是一项至关重要的策略，它直接关系到投资者的收益与风险。仓位可以细分为短线仓和长线仓，这两种仓位管理方式在投资者的交易策略中扮演着不同的角色。

1. 长线仓

巴菲特曾说："如果你不愿意持有一只股票十年，那你连十分钟都不要持有。"长线仓的操作是一种顺应市场趋势的过程，它更侧重于中长期操作。这种策略适合那些对市场有深入研究，能够把握市场大势的投资者。很多投资大师都是使用长线仓策略的高手，像沃伦·巴菲特、彼得·林奇、斯坦利·克罗等。

由于市场趋势的演变通常需要较长时间，长线仓的止损位和目标价位设定往往相对较远。这是因为长线投资者更关注市场的长期走势和基本面因素，而非短期的价格波动。因此，长线仓的交易次数相对较少，只有当市场趋势发生重大转变时，投资者才会对长线仓进行调整或交易。

2. 短线仓

与长线仓不同，短线仓更注重短期市场的动态和交易机会。短线交易通常更加活跃和频繁。由于短线投资者更关注市场的短期波动和技术因素，他们通常会设置相对较低的止损位和目标价位。这种策略的优点是可以抓住市场短期内的波动带来的交易机会，但同时也需要更高的市场敏感度和交易技巧。

一次，我的同事通过技术分析发现黄金价格在突破1890美元每盎司的关键阻力位后，开始小幅上涨，且成交量有所放大。他觉得这是个短线机会，于是迅速买入了一部分黄金，并设置了3%的止损位和5%的止盈位。果不其然，黄金价格在接下来的几个小时内继续攀升，很快达到了他的止盈位，同事果断卖出，成功获利。

通过上述对长线仓和短线仓的介绍，我们了解到这两种仓位管理方式的特点和适用场景。然而，无论选择哪种仓位管理方式，都需要基于对市场实际持仓情况的分析来做出更精准的决策。接下来，我们通过一个具体的持仓报告示例，来看看如何根据市场持仓情况来优化我们的仓位管理策略。

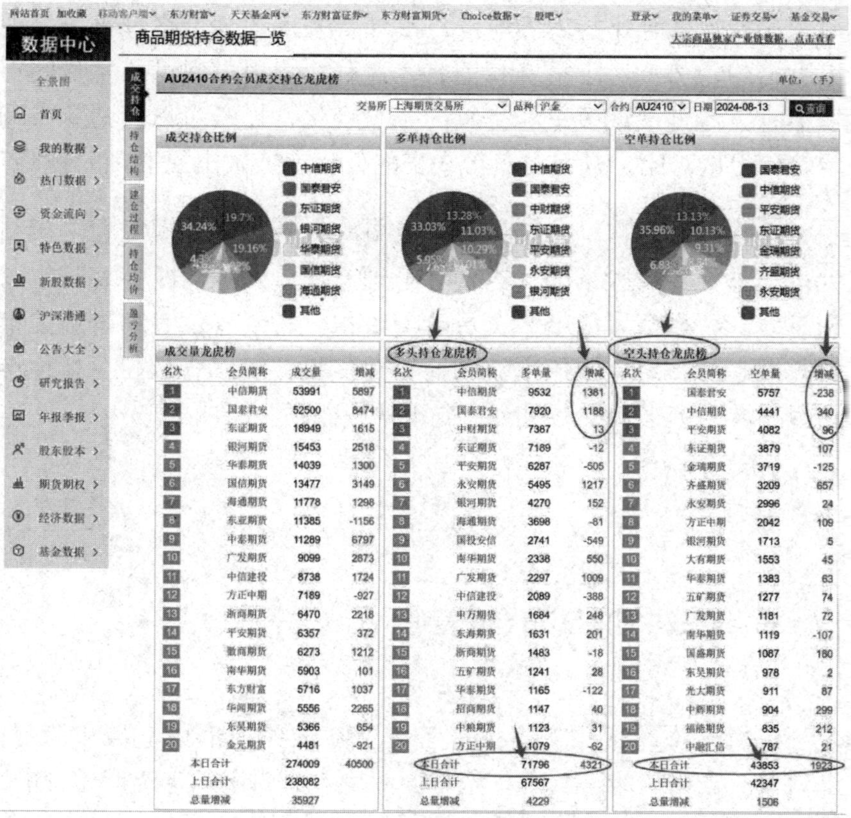

名次	会员简称	成交量	增减
1	中信期货	53991	5897
2	国泰君安	52500	8474
3	东证期货	18949	1615
4	银河期货	15453	2518
5	华泰期货	14039	1300
6	国信期货	13477	3149
7	海通期货	11778	1298
8	东亚期货	11385	-1156
9	中泰期货	11289	6797
10	广发期货	9099	2873
11	中信建投	8738	1724
12	方正中期	7189	-927
13	浙商期货	6470	2218
14	平安期货	6357	372
15	徽商期货	6273	1212
16	南华期货	5903	101
17	东方财富	5716	1037
18	华闻期货	5556	2265
19	东吴期货	5366	654
20	金元期货	4481	-921
	本日合计	274009	40500
	上日合计	238082	
	总量增减	35927	

名次	会员简称	多单量	增减
1	中信期货	9532	1381
2	国泰君安	7920	1188
3	中财期货	7387	13
4	东证期货	7189	-12
5	平安期货	6287	-505
6	永安期货	5495	1217
7	银河期货	4270	152
8	海通期货	3698	-81
9	国投安信	2741	-549
10	南华期货	2338	550
11	广发期货	2297	1009
12	中信建投	2089	-388
13	申万期货	1684	248
14	东海期货	1631	201
15	浙商期货	1483	-18
16	五矿期货	1241	28
17	华泰期货	1165	-122
18	招商期货	1147	40
19	中粮期货	1123	31
20	方正中期	1079	-62
	本日合计	71796	4321
	上日合计	67567	
	总量增减	4229	

名次	会员简称	空单量	增减
1	国泰君安	5757	-238
2	中信期货	4441	340
3	平安期货	4082	96
4	东证期货	3879	107
5	金瑞期货	3719	-125
6	齐盛期货	3209	657
7	永安期货	2996	24
8	方正中期	2042	109
9	银河期货	1713	5
10	大有期货	1553	45
11	华泰期货	1383	63
12	五矿期货	1277	74
13	广发期货	1181	72
14	南华期货	1119	-107
15	国盛期货	1087	180
16	东吴期货	978	2
17	光大期货	911	87
18	中辉期货	904	299
19	福能期货	835	212
20	中融汇信	787	21
	本日合计	43853	1923
	上日合计	42347	
	总量增减	1506	

图11　期货持仓数据图

从图中我们可以观察到以下持仓情况：多单持仓数量明显占据主导地位，达到了71796手，而空单持仓则相对较少，为43853

手。这一数据清晰地显示出多单持仓数量比空单持仓数量多了27943手。不过，空单当日增仓了1923手。进一步观察当日的增仓情况，我们看到当日总增仓数为4321手。通过这些数据，我们可以得出结论，多单在持仓量上的增长是明显的，而空单的增仓数量相对较小。

我们可以看到多单持仓占优的情况。这可能意味着市场上的买家力量更为强大，他们对黄金的看好态度较强。这种持仓情况——多单目前处于优势地位，预示着未来黄金价格有可能呈现出上涨的趋势。对于投资者而言，这种持仓报告提供了宝贵的市场信息。通过观察多单和空单的持仓变化，投资者可以判断市场情绪和力量对比，进而对黄金未来的价格走势做出更准确的预测。

对投资者而言，尤其是资金充裕的投资者，长短线仓位相结合是一种经实战验证的优秀资金管理方法。通过同时持有长线仓和短线仓，投资者能够平衡风险与收益。长线仓位有助于把握市场长期趋势，避免因短期波动而错失良机；短线仓位则可抓住市场短期波动带来的交易机会，实现快速收益。

二、实战中如何进行仓位管理

市场是不断变化的，投资者需要随时关注市场走势和变化，以便及时做出决策。同时，基本面因素也会对市场走势产生影响，投资者需要对其进行分析和判断，以便更好地把握市场机会。此外，投资者还应学会分散投资风险，不要把所有资金都投入同一个仓位或市场。

2011年，黄金市场经历了一次剧烈波动，许多投资者因此遭受重创。在当年4月，国际金价创出每盎司1920美元的历史高点后，形势急转直下，连续的3个交易日总跌幅超过13%，最低下探至每盎司1550美元。白银市场更是惨烈，狂跌34%，从每盎司40美元一路探至每盎司26美元。此次“超级暴跌”使得部分黄金白银投资者损失惨重，尤其是期货“纸黄金”和“纸白银”的炒作型投资者，更是遭遇强行平仓，亏光本金。在这一事件中，如果投资者能够合理分散投资风险，不把所有资金都投入同一个仓位或市场，或许能避免如此惨痛的损失。

不要把所有的鸡蛋放进一个篮子里。通过分散投资，可以降低单一投资的风险，提高整体投资的稳定性。在黄金投资领域，合理的仓位控制尤为重要。黄金市场价格波动较大，投资者需要更加谨慎地管理仓位。在价格波动剧烈时，投资者应掌握好仓位控制与风险控制的技巧，避免因仓位过重而导致风险暴露过大。

1. 持仓比例的调整

在黄金熊市中，过重的仓位会加大投资者的损失。非理性下跌会给重仓投资者带来巨大的心理压力，可能影响其正常操作，甚至导致爆仓。因此，在行情未明朗之前，轻仓或减仓是更明智的选择。对于已经出现小幅亏损的单子，投资者应果断止损，保持资金充足，以应对市场变化。

就比如2020年，黄金市场经历了剧烈波动，其中8月11日现货黄金每盎司重挫逾110美元，刷新两周内低点至每盎司1910.15美元，最深跌幅达5.78%，创7年以来最大单日跌幅。这时候，合理的持仓比例调整显得尤为重要。

2. 优化持仓结构

黄金价格的非理性暴跌，实际上是投资者调整仓位结构的良机。通过优化持仓结构，投资者可以在行情趋势逆转时抓住更多机会。这需要投资者根据市场动态和自身策略灵活调整，以规避风险。

2013年4月12日，黄金价格发生暴跌，被称为“黄金大劫案”，仅4月一个月期间，国际金价就暴跌了13%。我有一个同事敏锐地察觉到这是调整仓位结构的良机，她结合市场分析，将部分黄金仓位转换为黄金矿业股，同时适量配置了债券以平衡风险。

当时，黄金矿业股也受到金价下跌的影响，如紫金矿业2013年净利下滑60%，但同事认为矿业股在金价反弹时会有更好的表现。债券方面，2013年债券基金的收益率中位数是0.92%，纯债基金的收益率中位数是0.94%，虽然收益不高，但在熊市中仍能提供一定的稳定性。随着行情逆转，黄金矿业股涨幅超黄金本身，债券也有稳定收益，同事成功抓住了机会，优化了持仓结构，收益颇丰。

黄金投资市场是一个充满竞争与风险的领域，但同时也是一个充满机遇的舞台。杰西·利弗莫尔曾说：“不论何时，只要耐心等待市场到‘关键点’后才动手，我就总能从交易中获利。”只有那些不断学习、耐心等待、善于将危机转化为机遇的投资者，才能在这个市场中长久生存并取得成功。仓位控制和资金管理不仅是生存的基石，更是通往成功的关键。

在黄金白银投资领域，复利常被视为潜在的财富增长引擎，众多投资者和交易者热衷于借助复利来计算和畅想财富增长可能。若能严守资金管理和仓位控制策略，搭配高胜率、高盈利率的交易决策，复利带来的财富效应将极为惊人。

投资巨擘巴菲特也高度评价复利累进理论，将其奉为至高投资哲学，这一理念在投资圈广为流传。比如《5年1000倍：外汇黄金交易技术》一书所展示的，通过复利循环交易所累积的收益丰厚至极，令人惊叹。爱因斯坦这位伟大的科学家也曾被问及世界最强大力量是什么，他说："宇宙间最大的能量是复利，复利是世界第八大奇迹。"在投资的世界，复利就像一颗神奇的种子，只要给予合适的土壤、阳光和水分，它便能在财富的花园中绽放出绚丽的花朵，结出丰硕的果实，让投资者的财富如同滚雪球般越滚越大，实现从量变到质变的华丽蜕变。

在黄金投资领域，仓位管理是把控风险、把握机遇的关键。精准的仓位调配，能让投资者在市场波动中进退自如。无论是顺势而为的长线仓，还是捕捉短波的短线仓，合理的仓位布局都至关重要。它如同航行中的舵，引领投资者在复杂多变的市场大海中，稳健前行，避开暗礁，驶向财富增长的彼岸。

第四节

切忌盲目加仓

2008年全球金融危机期间，许多投资者在股票市场遭受重创，而那些提前布局黄金市场的投资者，却因黄金价格的大幅上涨而保住了财富，甚至实现了资产的增值。当时一些投资者在金价跌至每盎司600美元时开始买入，随着市场恐慌情绪的蔓延，金价一路飙升至每盎司1000美元，这些投资者通过分批加仓，最终获得了丰厚的回报。

然而，黄金投资并非一帆风顺。加仓策略作为投资中的重要手段，其运用的智慧和技巧，往往是决定投资者在市场波动中成败的关键。

一、黄金投资的制胜之道

加仓是一种策略性的行为，它不仅涉及对市场趋势的判断，还涉及资金管理、风险控制和交易心理等多个方面。加仓的目的不是盲目增加投资，而是为了更好地利用市场机会，获取更多利润。因此，投资者需要在对市场有充分认知和判断的基础上，制定合理的加仓策略，并在实际操作中灵活调整。

此外，我们还需要认识到，加仓并不是一项简单的操作，而是需要结合多种因素进行综合分析和判断。例如，投资者需要考虑市场的趋势、阻力位和支撑位、资金管理、风险控制等因素。同时，还需要具备良好的交易心理和冷静的判断力，以便在市场变化时能够做出正确决策。并且，加仓策略需要有足够的仓位空间作为保障，避免因仓位过重而无法承受市场的波动。只有这样，我们才能更好地利用加仓这个“武器”，获取更多盈利。

1. 加仓的真正价值

工欲善其事，必先利其器。加仓并非投资的目的，而是一种有效的工具。它的真正价值在于助力投资者在风险最小化的前提下实现收益最大化。在投资之海中，加仓是助我们一臂之力的工具。当它能助力投资者达成投资目标时，便具有实质性的价值；反之，若加仓无法助力实现风险最小的收益，则应舍弃，不做无谓之举。正如《金刚经》中提及的“如筏喻者，法尚应舍，何况非法”，投资者需明了这一点，才能合理运用这一策略。

我有一个邻居对投资颇有心得。有一次，他重仓的科技股遭遇行业利空，股价大跌。他本想加仓摊低成本，但深入分析后发现，该行业短期内难以复苏，加仓风险过高。于是，他果断放弃加仓计划，选择观望。几个月后，行业持续低迷，邻居十分庆幸自己未因盲目加仓造成更大损失。

2. 加仓适用的投资者

加仓策略并非适用于所有投资者，它更适用于具备一定分析能力的投资者。这些投资者不仅需要掌握技术分析技巧，还需要对市场基本面、政策等因素有深入的理解和判断。“知行合一，方能致远。”只有将所学知识与实际操作相结合，才能在投资的道路上走得更远，只有当投资者能够相对准确地预测未来一周市场走势时，才适合使用加仓策略。从操作角度看，加仓策略更适合喜欢短中期结合投资的投资者。这类投资者能够灵活地根据市场变化调整投资策略，从而在市场波动中寻找获利机会。

我有个朋友在2020年，通过技术分析和基本面研究，预测到黄金市场将呈现上涨趋势。当时，金价在每盎司1500美元左右，她在市场底部买入了10手黄金。随着市场逐步上涨，她在每盎司1600美元时加仓6手，每盎司1700美元时再加仓4手。最终，金价上涨至每盎司1900美元。朋友通过分批加仓，不仅没有错过上涨行情，还在市场高点成功获利了结。

加仓策略也适用于拥有较大资金量的投资者。大额资金的投入需要更稳健谨慎的操作策略，而加仓正是一种能在风险控制的前提下放大收益的策略。当投资者的资金比例达到20%以上或超过1∶1时，加仓就是一个值得考虑的选项。这样的资金比例意味着投资者已积累了一定盈利，此时采用加仓策略，可在低风险的前提下进一步放大收益。

3. 分批加仓的重要性与优势

在投资过程中，我们常常选择分批加仓而非一次性完成开仓操作，这是基于多方面的考量与市场特点的应对策略。首先，当资金规模较大时，一次性进场有可能引发市场警觉，使交易行为暴露。其次，在投资市场中，有时基本面的变化会领先于技术面的反映。市场并非总是保持理性，它有时会展现出情绪化的一面。例如，当基本面向好时，技术图形可能会经历一次或多次的震荡甚至短暂下跌，反之亦然。这种市场特性使得投资者在想要占据有利位置的同时，又不愿承担过多的震荡风险。为了更好地应对这种情况并降低交易成本，投资者会选择分批加仓的策略。

通过分批加仓，投资者可以更灵活地根据市场变化调整自己的仓位，同时也能有效降低单次交易的潜在风险。2016年英国脱欧公投期间，黄金市场出现了剧烈波动。一些投资者在公投前逐步加仓，随着公投结果的公布，黄金价格大幅上涨，这些投资者通过分批加仓，不仅降低了成本，还在市场高点成功获利了结。此外，分批加仓还能帮助投资者更好地控制情绪，避免因市场短期波动而做出过激的交易决策。

二、加仓的运用策略

加仓作为一种投资策略，常用的方式是金字塔式加仓法。以做多操作为例，投资者首先会在市场底部位置买入一部分，比如买入8手。随着市场行情逐步上涨，投资者会在合适的价位继续加仓，比如先买入6手，再买入4手，以此类推。采用这种方式加仓的原因在于，低位买进的数量始终多于高位的数量，从而能确保持仓成本始终低于市场平均价格。这样做的好处是，无论市场后续如何波动，投资者都能以较低的成本持有仓位。

加仓单的操作原则是，当市场行情遇到阻力时，即使尚未达到预期目标价位，投资者也应考虑获利先出。这一决策背后蕴含着两个重要考虑：一是确保已获得的利润落袋为安，避免利润流失；二是减轻仓位，腾出资金，让自己能够轻装上阵，更灵活地跟随市场变化调整交易策略。

在实际运用加仓策略时，有几点需要特别注意：

明确目标。必须明确，加仓仅是一种策略手段，其终极目标是获取利润，不应单纯为了加仓而加仓。交易市场经常有一些新手投资者在股市中持有某股票，看到股价小幅上涨就盲目加仓，结果股价随后回调，不仅利润大幅缩水，还陷入了亏损的困境。

认知完整。在运用此技巧之前，需对所选品种的运行规律、上涨到下跌或从下跌到上涨的完整周期及自身在各阶段的情绪反应有所了解，如此方能确保我们在执行操作时能够应对自如。

注意市场趋势。只有当基本面因素支撑该品种呈现单边行情时，才适合采用加仓策略。若市场处于震荡状态或正处于趋势反转之中，加仓通常难以达到预期效果，甚至引发不必要的损失。

坚定原则。坚持金字塔式加仓原则是确保我们持仓成本低于市场平均价格的关键。这一原则不仅能助我们控制风险，还能在市场波动时为我们提供更广阔的操作空间。在2014年，黄金价格经历了一段波动期。我朋友在每盎司1200美元时首次买入5手黄金，随后在每盎司1180美元时加仓3手，最后在每盎司1160美元时加仓2手。这种金字塔式的加仓策略，确保了其持仓成本低于市场平均价格，有效控制了风险。

结合其他策略。独木不成林，单弦不成音。加仓操作通常需与其他策略，如滚动开平、主动锁仓等相结合，以实现更佳效果。

这些策略的综合运用，不仅能够提升加仓操作的灵活性和有效性，还能在不同市场环境下帮助投资者更好地应对风险。

加仓的本质是在看好某一方向的情况下，继续追加买入的行为，这通常发生在黄金或其他投资品种上涨的过程中。当原有持仓处于盈利状态时，加仓可视为顺市加仓，因为市场趋势与投资者的判断相符，这增加了获利的可能性。而当原有持仓处于亏损状态时，加仓则可视为逆市加仓，此时投资者正在尝试通过增加投资来扭转亏损的局面。

有时候逆市加仓也能带来一定的利润。当金价趋势持续朝着一个方向运行，突破了一定的阻力位或支撑位，并且相反方向的力量不断增强时，市场可能会出现反转。此时，一些投资者会选择逆市加仓，试图捕捉市场的反转机会。

2013年，黄金价格从每盎司1600美元暴跌至每盎司1320美元，市场一片恐慌。然而，我的一个同事却看到了机会。他通过分析发现，黄金在每盎司1320美元附近有重要支撑，且技术指标显示出超卖迹象。同事认为，市场的情绪往往在极端情况下反转，于是决定逆市加仓。他在每盎司1320美元时买入5手，每盎司1300美元时再加3手。果不其然，黄金价格反弹至每盎司1400美元，同事获利了结。然而，这种操作需要谨慎，因为如果判断失误，可能会造成较大的损失。

加仓策略的使用就像农夫依据天时、地利精心播种，投资者需凭借对市场的深刻洞察，审慎加仓。

第七章

囤金还是囤银

黄金

应该怎么买

第一节

小孩子才做选择，成年人当然都要

尽管白银与黄金作为投资标的具有许多共性，但在流动性方面存在显著差异。白银市场通常比黄金市场有更大的波动性，这就要求投资者根据不同的市场情况选择不同的投资标的和策略。

我的朋友赵女士曾在一次投资中，由于分析失败，在金价处于高位时购入，随后几个月金价持续走低，她亏损了大量的资金；于是她开始不断反思，审视自己的投资策略，偶然间她注意到白银市场的不同，认为白银市场更适合分散风险，然后将资金分散在黄金和白银两个市场中。经过一段时间的分析，赵女士买入的白银ETF获得了可观的收益，弥补了她在黄金市场的损失。

通常情况下，一些投资者将白银和黄金作为一个投资组合，从而实现风险和收益的平衡。接下来，我们就对白银投资产品进行详细分析，以帮助那些想要优化黄金投资组合的投资者。

一、白银投资产品

对大多数投资者而言，找到具有合理费用结构和充足交易量的白银矿业股或白银矿业ETF并非易事。因此，投资者在决策时需更加审慎地考虑市场的具体条件和自身的投资目标。

《礼记》中写道："举大事，必慎其终始。"虽然白银和黄金都是受欢迎的投资标的，但在白银市场，投资者需要在制定投资策略和选择投资工具时更加谨慎。由于两个市场的流动性差异，投资者在白银市场中的选择可能相对较少，这需要投资者在投资决策时进行综合考虑。

1. 白银ETF

我坚定地认为，白银ETF为长期投资者提供了持有白银资产的优质选择。相比于其他投资工具，如期货ETF和杠杆ETF，白银ETF更加经济实惠。通常情况下，投资者购买白银ETF只需要缴纳0.3%~0.4%的管理费用，并且ETF能够更准确地反映白银的市场价格变动。

长期持有白银ETF不仅可以为资产组合增加多样性，还能在市场波动中获取稳定的回报。同时，利用白银期货和期权进行交易，能进一步增强投资者的投资策略和收益潜力。比如，投资者可以将白银ETF作为长期的配置工具，在白银价格上升时，通过期货合约放大收益，在价格下跌时，利用ETF的长期持有优势平滑波动。

无论是从经济性、流动性还是从灵活性的角度来看，白银ETF都是长期投资者持有白银资产的理想选择之一。尽管对白银交易策略的学习可能需要一个漫长的过程，但通过白银ETF、白银期货和期权等工具获得的潜在回报和灵活性绝对值得。

2. 白银股

许多涉及白银开采和勘探的公司也涉足黄金生产，这导致黄金和白银股票的指数之间存在显著的交叉和重叠。比如，一些矿业公司的主要产品为黄金，但是也会将白银作为副产品。

如果你对白银开采和生产公司的股票交易感兴趣，那么你可能会发现，专注于白银板块的标的相对有限。这是由白银市场的供需特点以及投资者的策略共同决定的。

比如，白银的资源储量有限，开采成本的增加、环保要求的提升都限制了白银的开采量，从而也使白银板块标的相对稀缺。然而，由于该基金的股票池相对较小，导致其持仓集中度较高，从而增加了相应的成本。

多数专注于白银生产的企业都位于新兴市场，因此，持有这些公司的股票也间接地代表了对新兴市场股票的投资。尽管彼得·林奇曾说："炒股要有自信，没有自信就会失败。"但需要留意的是，当你同时持有新兴市场的股票和白银股时，你可能无意中重复了对同一市场的敞口。

3. 白银期货

在期货市场中，白银无疑是一个备受瞩目的交易对象，其活跃度极高。与黄金期货相似，白银期货的交易时间也是每周五天，每天几乎覆盖24小时，为投资者提供了充足的交易时间窗口。值得一提的是，市场上还推出了更为灵活的迷你合约。

这种合约的规模仅为标准合约的五分之一，为那些希望参与白银期货交易但资金量相对较小的投资者提供了机会。这一举措大大降低了参与门槛，使得更多人能够进入白银期货市场。

与黄金期货一样，白银期货也具有税收优惠等吸引人的优势。而且，通过杠杆效应，投资者可以以较小的资金投入获得更大的收益回报。比如，在交易平台买入期货合约时，只需要交付给期货公司5000元的保证金，就能撬动50000元的交易，从而实现资金的更大效用。因此，对于那些已经有意愿和经验交易黄金期货合约的交易者来说，将白银期货合约纳入自己的投资组合简直轻而易举。

无论是专业投资人还是新手投资者，都可以在期货市场中找到适合自己的白银交易方式。无论是从时间、规模还是从优势的角度来看，只要拥有相应的交易能力和意愿，都能从白银期货投资中找到前所未有的机会和可能性。正所谓“成功的投资取决于你对自己的判断力，而不是市场的判断力”。

二、白银的量化交易

量化交易是一种使用数学模型和计算机程序来进行证券投资的策略。它通过分析大量的数据，识别出潜在的投资机会，并自动执行交易。同时量化交易也可以被用来交易其他产品，比如债券、基金等。

1. 量化交易原理

（1）数据驱动：量化交易依赖于历史数据，包括价格、成交量、财务报表等信息。这些数据用于构建和验证交易模型。比如高盛集团的Global Alpha基金就是利用统计套利策略，通过分析历史数据来识别价格异常，并进行交易。

（2）数学模型：通过统计学、机器学习和其他数学工具来建立模型，以预测市场走势或资产价格。例如，回归分析、时间序列分析和神经网络算法等方法。

（3）算法执行：一旦模型生成了信号（买入、卖出或持有），计算机程序会自动执行这些交易。这减少了人为因素带来的情绪波动和错误。

（4）风险管理：量化交易通常会结合风险控制措施，以保护投资组合免受重大损失。常见的方法包括止损、仓位管理和资金分配等。

2. 量化交易策略

（1）套利策略：利用市场上不同证券之间的价格差异进行交易。例如，统计套利、跨市场套利等。

（2）趋势跟随策略：基于资产价格的持续趋势进行交易。当价格上涨时买入，下跌时卖出。可以使用移动平均线、布林带等技术指标来识别趋势。例如，2025年1月13日，上海华通现货白银的一号国标白银的现货定盘价每千克7756元，国标二号的定盘价为每千克7741元，这时就可以利用趋势跟踪策略对价格进行跟踪，以抓住合理的时机。

（3）均值回归策略：假设资产价格会围绕其平均值波动，当价格偏离平均值时，进行反向交易。

（4）多因子模型：综合多个因素，如估值、成长性、动量等，来评估资产的相对价值，选择表现优异的资产进行投资。

（5）机器学习策略：利用机器学习算法分析复杂的数据模式和特征，从而做出更精准的交易决策。常用的算法包括支持向量机、随机森林和深度学习等。

（6）事件驱动策略：基于特定事件，如公司并购、财报发布、经济数据发布等，利用市场对这些事件的反应进行交易。总结量化交易通过数据分析和算法执行提高了交易的效率和准确性，同时也增强了风险管理能力。然而，成功的量化交易需要投资者具有深入的市场理解、扎实的数学背景和强大的编程能力。“在投资中，风险来自不知道自己在做什么。”因此，在实施量化交易之前，需要进行充分的研究和测试。

在深入探讨白银投资产品的多样性和量化交易策略之后，我们对白银市场的投资机会有了更全面的认识。在后续的内容中，我将分析白银市场的基本面和趋势，帮助投资者更好地了解市场动态，并结合量化交易策略，制订出更具有针对性的投资计划。

第二节

白银有投资价值吗

随着中国房地产市场风光不再、地产类信托产品违约率上升以及利率逐步下调，贵金属投资逐渐成为大众投资者眼中的“新宠”。例如，2024年以来，白银涨幅超过20%，远高于黄金和铜。

盛宝银行的大宗商品策略主管奥莱·汉森对2025年的预测依然是乐观的，他认为白银的潜力将大于黄金，前景偏向上行。然而，在涉足这一领域之前，投资者有必要深入了解白银的基本面，以做出更为明智的投资决策。

一、白银市场特性与投资价值

对投资者来说，白银市场的基本面分析是一个综合的过程，既包括特性，也涵盖投资价值。约翰·坎贝尔曾说：“投资不仅仅是一种行为，更是一种带有哲学意味的东西。”深入理解白银市场的特性，能够为投资者提供具体的决策依据。

1. 白银市场的特性分析

白银与黄金相较而言，对大宗商品工业需求的变动反应更为敏锐。这主要是因为白银在工业领域的应用广泛，如电子、摄影和银制品制造等行业。白银在这些行业中的不可或缺性，使其价格对工业生产活动的波动极为敏感。与此同时，白银也具有作为避险投资品的贮藏价值。尽管其避险功能不如黄金，但无论是工业需求还是避险投资需求的变化，都对白银市场产生了深远影响。这也塑造了白银在市场中的独特地位。

工业生产活动的波动直接影响白银的供需关系，进而影响其价格走势。例如，白银在电子行业是不可或缺的材料，优良的导电性和抗氧化性使其在电路板、太阳能电池等产品中应用广泛。当电子行业兴旺发展时，白银的价格就会上涨。

2. 白银投资价值分析

白银是一种具有强大潜力的价值储存工具。在全球经济波动剧烈、投资者寻找避险场所时，白银的作用并不亚于黄金。白银同样能够吸引大量资金流入，从而维持其市场价值。尽管白银价格的波动较大，但其低廉的成本和市场的活跃度，依然使它成为一些投资者的优先之选，满足了人们对于安全投资品的需求和信赖。对于许多投资者而言，白银已然成为他们心中“沉默的黄金”。

白银价值的特殊性在于较高的可接触性，面对不确定的市场，相较于黄金，白银的价格通常较为亲民。例如2025年1月，现货白银的价格维持在每盎司30美元左右，而现货黄金的价格从每盎司2624美元不断攀升。不过这并不意味着白银就一定是更好的选择，它有自己的价值和波动规律，投资者还是需要根据自身情况谨慎选择。正所谓：“一个真正的投资者并不会如赌博般随意投放资金，他只会投放于有足够可能性获取利润的工具上。”

无论是在充满动荡与风险的市场环境中，还是在充满机会的投资旅程中，白银都是一个不可或缺的存在。它的存在不仅仅是价值贮藏的替代品，投资白银更是在风险与机遇并存下的一种智慧选择。

二、白银市场的投资与工业需求

行情总在绝望中诞生，在半信半疑中成长，在憧憬中成熟，在希望中毁灭。尽管白银作为一种兼具投资价值和工业用途的重要资产，正逐渐成为投资者关注的焦点，但深入了解白银市场的需求，分析背后的驱动因素和潜在风险，对于投资者来说依旧至关重要。

1. 投资需求

白银市场的规模相对黄金来说，体量较小，因此大型机构交易者，如官方机构对其影响相对较弱——他们对白银的兴趣较为有限。这种不均衡的情况可能意味着，有足够影响力和决定力的机构投资者进入市场时，可能会对白银市场产生更显著的影响。

沃伦·巴菲特的投资公司曾经购买了大量的白银，导致白银价格在1997~1998年几乎翻倍。虽然这只是短期的市场波动，但巴菲特公司的投资行为和其引发的挤出效应确实是造成市场短期内剧烈波动的关键因素之一。

这种突如其来的投资行为无疑给短期内看好白银市场的交易者带来了一定程度的机遇。从当前的情况来看，白银ETF的投资需求似乎还将继续增长。这一趋势可能会在短期内给市场带来更大的上涨压力。对于那些寻找多元化投资机会，希望在白银市场中寻找盈利机会的投资者来说，这无疑是一个好消息。

总的来说，尽管白银市场的规模较小，但其潜力巨大。随着经济的不稳定性和市场波动的增加，未来几年，能够预测到白银的投资需求将大幅增长。比如中国黄金网曾发布讯息：2025年国际白银价格有多重利好因素：全球货币宽松、美元走弱、强劲的工业需求与投资者补涨心态等，这些均有望推升国际白银价格并使其跑赢其他贵金属。

无论是机构投资者还是个人投资者，都应密切关注这一市场的动态，并适时地调整自己的投资策略。黄金、白银交易策略，正是帮助投资者在白银市场中寻找机会、实现收益的重要工具。

2. 工业需求

白银的市场需求量庞大，其应用领域广泛涵盖了工业、摄影以及珠宝制造等多个方面。据世界白银协会数据显示，2024年全球白银需求37918吨，其中工业需求22110吨，占比58%，摄影用银需求812吨，占比2%，珠宝用银需求6572吨，占比17%。特别值得一提的是，白银因其卓越的导电性能，被公认为当前最佳的电导体之一，被广泛应用于光伏行业、汽车行业以及电子工业中。

马尔萨斯曾说："资源是有限的，而需求是无限的。"随着科技发展日新月异，白银在各个领域的应用也愈发广泛。尤其是在今天，科技不断渗透到我们的日常生活和工作中，从而使得白银的需求量持续增长。例如，白银在太阳能电池板制造中扮演着关键的角色，随着太阳能行业的持续繁荣，预计2025年白银的消耗量将再度刷新历史。

白银对经济成长和通货膨胀的预期表现得更为敏感，当经济增长和通货膨胀的预期在短期内显现时，白银的价格往往比其他大宗商品的价格上涨得更快。2020年以来，COMEX白银期价涨幅达到48.01%，其他大宗商品，如LME铜期价累计上涨25.58%，LME锌期价累计上涨20.99%……这些数据能很清晰地看出白银价格的上涨幅度。

在这一背景下，白银可能展现出比黄金更强的工具性。它不仅是一种贵金属，具有贮藏价值，同时也具备商品属性，这种双重性质使得白银在市场中地位独特。这种独特性也许解释了为什么众多投资者偏爱投资白银。

它弥合了贵金属作为价值贮藏手段与作为商品之间的鸿沟，为投资者提供了一个既具有保值功能，又具备增值潜力的投资选择。然而，尽管我们高度评价白银的投资潜力，认为在某些情境下其表现可能超越黄金，但在构建多元化投资组合时，它还不能与黄金平起平坐。

在特定环境下，如高增长或高利率环境中，白银的高波动性可能在短期内表现更佳，但同时有着更高的风险。除了工业需求和避险投资需求外，还有诸多基本面因素会对白银市场产生影响。比如全球货币政策、地缘政治风险、经济数据以及新技术对银矿开采的革新等。这些因素都能为投资者提供白银市场的变化脉络和未来走势的线索。因此，投资者在分析白银市场时，应综合考虑这些因素。

“成功的投资者需要在风险和回报之间找到平衡。”我的建议是，如果你有意投资白银，应审慎考虑并优化你的投资中白银与黄金配置。不要将所有的投资赌注都押在同一种资产上，而是应该在一个平衡的投资组合中，合理分配比例。这样不仅可以分散风险，还能确保你的投资组合在各种市场环境下都能保持稳健收益。

第三节

白银ETF、股票和期货

通货膨胀浪潮汹涌而来，货币贬值，贵金属市场应声而起，银价一飞冲天，创下近30年来的新高。这一现象引起了众多投资者的关注和追捧，以至于市场上弥漫着一种热潮。有专家更是大胆预测，白银的涨幅可能会超越黄金。在这一背景下，投资者纷纷将目光投向了白银。他们的投资决策不仅反映了对市场变化的敏锐洞察，也显示了贵金属尤其是白银作为资产配置中的“安全垫”角色日益突出。而这种热潮也使得白银的短期收益呈现出“巨大”的可能性，令许多投资者受益匪浅。

在这样的金融市场中，投资者在寻求机会的同时，也要审慎应对市场波动。白银的涨价固然带来了一定的投资机会，但也伴随着潜在的风险。伯格曾说：“在股市中能够有效投资，是一个永恒的梦想，但只有理性投资才是真正的成功之路。”投资者应该正确理解白银市场的相关知识，以长远眼光看待市场变化，根据自身的风险承受能力和投资目标进行理性决策。

一、白银的投资的主要方式

1. 白银ETF

白银ETF是一种以白银为基础资产，追踪现货白银价格波动的金融衍生产品。在金融投资的世界里，白银ETF扮演着一个引人注目的角色。这种基金在2006年由巴克莱全球投资公司推出，为投资者提供了一个全新的白银投资途径。与传统的实物白银投资相比，白银ETF不仅简化了投资流程，还为市场带来了新的活力。比如iShares Silver Trust、Global X Silver Miners ETF都在当下表现不俗。

白银ETF意味着，投资者无须直接购买和保管实物白银，只需购买ETF的股份，即可轻松参与白银投资。这一创新性的金融产品不仅拓宽了白银投资的渠道，还为市场带来了更多的需求，对银价的长期走势产生了积极的推动作用。

其优势在于便利性和灵活性，对于那些希望投资白银但又不想支付保险、检验、保管等相关费用的投资者来说，ETF无疑是一个理想的选择。通过购买ETF份额，投资者可以像持有股票一样轻松地拥有白银，而无须担心实物的保管问题。由于ETF的价值追踪白银的波动，因此其价格会随着银价的波动而波动，导致存在风险和挑战。这就要求投资者对白银市场的走势有深入的分析和理解。

与黄金相比，白银受市场规模、投机行为等因素的影响较大，所以白银的价格波动性更大，因此投资白银ETF的风险也相对较高。

2. 投资白银股票的新视角

白银股票是深沪两市中与白银有关的股票。投资白银股票，不仅可以选择投资白银，而且还可以投资有经营白银业务的上市公司股票。

深沪股市中，有色金属板块已经历了不小的涨幅。这一涨幅不仅反映了国内经济的强劲发展和对有色金属需求的增加，同时也与国际有色金属和贵金属市场的发展态势密切相关。如果国际市场银价持续上涨，那么对国内的白银相关股票来说，无疑是一个难得的投资机会。当国内银价随着国际银价上涨，投资者便可借此机会，寻求资产的增值。

与此同时，受美国双赤字影响，美元疲软的问题持续存在，这使投资者纷纷寻求保值途径，投入黄金和白银市场。

贵金属，特别是白银，因其稀缺性和稳定性，成为投资者眼中的香饽饽。在当前国际政治与经济环境相对稳定的背景下，白银基金的发行看起来前景光明，预计银价将进一步上涨，但同时也不可忽视其快速下跌的风险。因此，投资者在进行白银股票投资时，必须具备充分的风险意识。特别是在进行保证金交易时，要留有足够的余地，及时采取止损措施，以避免可能的损失。

白银股票投资不仅需要关注公司的基本面和业绩表现，还需要密切关注国际市场动态、经济形势以及政策变化等因素。只有综合考量这些因素，并保持风险意识，投资者才能做出更为明智的投资决策，实现理性投资。

3. 投资白银期货

与股票投资不同，白银期货允许投资者进行买卖，但实际的交收或交割将在未来某个约定的时间进行，这种灵活性为投资者提供了更多的选择和机会。投资者可以通过期货合约，提前锁定价格或者利用杠杆效应放大收益。

与实物白银相比，白银期货的投资门槛更低，流动性更强，同时也为投资者提供了杠杆效应，即以较小的资金投入获取较大的收益。然而，投资白银期货并非易事。一些投资公司声称可以为客户提供专业人士的指导，帮助客户在白银期货市场中获取高收益，但结果往往不尽如人意。我也希望以业内人士的身份提醒投资者，保持审慎态度，避免被过度的宣传和炒作所迷惑。

在投资白银期货时，投资者应充分了解市场规则、交易机制以及风险控制措施。期货市场是高度波动的，价格变动可能较大，因此投资者需要具备足够的风险承受能力和资金管理能力。

投资者还应注意选择信誉良好、服务优质的期货公司进行合作，以确保自己的权益得到保障。不要盲目追求高收益，而是要在充分了解市场和自身情况的基础上，做出决策。

二、白银投资的注意事项

1. 风险承受能力

巴菲特曾说："投资的成功不是靠预测市场，而是靠应对市场。"白银价格的大幅波动为投资者带来了机会，同时也加大了风险。因此，投资者的风险承受能力是选择白银投资产品的首要考量。对于那些风险承受能力较强的投资者，白银期货杠杆交易产品可能是一个不错的选择。这种交易方式采用保证金制度，能够为投资者提供较高的收益机会。而对于风险承受能力较弱的投资者，实物白银如银块、银币或银首饰等可能更为合适。

2. 市场认知与前景

李大霄曾说过：“波动并不等于风险，涨跌并不等于价值。投资成功的关键在于趋势透视，精准论证，坚定持有。”在真正决策前，投资者务必充分了解白银市场的走势和前景，并且及时关注市场动态，随机应变。

3. 投资性实物银条的选择要点

对于选择投资性实物银条的投资者，有几个要点需要注意：

（1）溢价水平和变现成本：这两点主要是为了确保投资回报的合理性。例如，当白银市场价格持续上涨，较高的溢价出现，存在回调的风险，这时投资者就需要谨慎考虑，避免在溢价时购入，导致投资失败。

（2）保存的便捷性：不同规格的银条或银锭的保存便捷性有所不同，如果买入的白银数量较少，投资者可以选择家庭保存，这样的方式便捷且成本低；如果大批购入，就需要存放在银行或者专业的贵金属存储公司，虽然成本高昂，但它们更能确保白银的安全。

（3）工艺品与投资品的区分：在购买时，投资者需要注意区分白银工艺品和投资品。虽然银饰和银制工艺品具有观赏价值，但它们往往溢价较高且没有正规的变现渠道，不适合作为投资对象。

第八章

什么样的人可以投资黄金

黄金

应该怎么买

第一节

你不是你，把自己当成获利的工具

在金融投资的浩瀚星河中，黄金投资宛如一座神秘而诱人的宝藏岛屿，令无数逐金者心驰神往。很多投资者被黄金投资的高收益传闻吸引，贸然投身其中，却因缺乏必要的心理准备和策略规划，在市场的跌宕起伏里迷失方向，损失惨重。这正应了那句“无备而往，十战九败”。其实，黄金投资并非遥不可及，投资者需要以坚实的心理为根基，以周密的策略为航标，在其复杂多变的浪潮中乘风破浪，驶向成功的彼岸，将潜在的财富机遇转化为实实在在的收益成果。

一、做好黄金投资的心理准备

由于国内黄金市场相对新兴，大多数投资者对黄金投资尚未有充分的了解和熟悉。心理准备是成功投资关键的第一步。面对市场的波动和不确定性，投资者需要秉持谨慎、理性的态度，注重风险控制与收益平衡。

1. 自律

许多投资者在市场波动中迷失方向，往往是因为他们缺乏严格的自律控制。市场充满了各种诱惑和假象，如果既不坚定，也不自律，人就很容易被市场的假象所迷惑，从而做出错误的决策。因此，投资者在投资黄金之前，应当培养自律的性格，明确自己的投资目标和止损点，坚持自己的投资计划，不被市场的短期波动所干扰。

曾经有个新入黄金市场的投资者找我咨询，他被市场短期的大幅波动吸引，未经深思熟虑便投入资金。起初，黄金价格一路攀升，他兴奋不已，幻想着巨额收益。然而，市场风云突变，价格急转直下，他慌了神，频繁查看行情，情绪起伏不定。他没有设定止损点，更无明确的投资计划，只能眼睁睁看着账户余额缩水，最终不得不在亏损严重时无奈割肉。

2. 愉悦

身心失衡的投资者往往处于劣势。只有身心放松、心情愉悦时，其判断力和决策能力才能发挥到最佳状态。学会调节自身心态，保持精、气、神、脑力的良好状态，投资者才能在市场中做出准确的判断。

2023年，黄金市场波动剧烈。许多投资者心绪不稳，频繁交易，导致损失惨重。年初，金价在美元疲软的推动下上涨，但2月美联储加息，金价暴跌。投资者们慌了神，纷纷抛售。然而，市场并未一直低迷。3月硅谷银行事件发生后，金价回升，4月突破每盎司2000美元，5月达每盎司2049.92美元。10月巴以冲突爆发，金价再次上涨，12月创历史新高，达到每盎司2144.68美元。如果面临下跌就愤怒抽身，预感上涨就高位进场，反复横跳，只能造成人精疲力竭，资产也缩水的局面。

3. 果断

成功投资的关键在于果断决策。许多投资者在市场呈现上升趋势时犹豫不决，从而错失了追涨的良机，只能眼睁睁看着黄金价格攀升。一个成功的投资者一定善于锻炼自己的决策能力，会在关键时刻果断行动。当市场呈现上涨机会时，要敢于追涨；当市场出现风险信号时，要及时止损。

我认识的一个投资者，当黄金市场明显呈现上升趋势，金价从每盎司1800美元稳步攀升至1900美元时，他因犹豫不决而没敢买入。等市场稍有回调，他急忙跟风进场，结果市场继续下跌，他只能在每盎司1750美元时止损，事后他深感果断决策的必要，悔不当初。

4. 谦虚

投资者不应过于自负。毕竟，没有人能够彻底了解一切，包括黄金市场。价格的波动取决于市场的实际运行情况，因此，投资者应保持谦虚的态度，持续学习并积累经验。在风险投资领域，不存在绝对的赢家，也不存在百分之百的输家。投资者需牢记“骄兵必败”的道理，始终保持谦虚和学习的心态。

我的一个发小在黄金市场赚取收益后，变得自负起来，觉得市场在他的掌控之中。他不再钻研市场分析，也懒得关注财经新闻。后来，市场因国际局势突变而大幅震荡，发小凭借老经验重仓杀入，结果黄金价格一泻千里，他损失过半。

5. 独立

探寻适合自己的投资路径，避免依赖他人。成功的投资者通常具备独立的思考和决策能力。他们不会盲目追随他人，而是依据自身的判断和实际情况来做出独立的决策。

巴菲特曾不看好航空股，认为其是“价值毁灭”。但2020年他清仓后，航空股却强势反弹，一年内回弹超100%。

6. 盘感

盘感是投资者在长期实践和理论知识积累到一定阶段后形成的。这是一种培养出来的直觉。借助K线图和各类分析指标工具，以及丰富的实践经验，投资者对市场未来走势能够产生敏锐的预感。

黄金投资不仅是对市场知识的考验，更是对投资者心理素质的挑战。自律、愉悦、果断、谦虚、独立和盘感，是投资者在复杂多变的黄金市场中保持冷静与理性，明智决策，实现稳健投资与收益增长的基本素质。

二、黄金投资的策略制定

1. 制订完整的交易计划

无论是进行短线操作还是长线布局，都需制订一个完整的交易计划。这不仅关乎交易决策本身，更是自律与意志力的体现。

很多投资新手完全不懂交易计划，看到市场上涨就激动跟风买入，跌了就慌忙卖出，投资毫无章法，结果只能眼睁睁看着账户里的钱越亏越多。

一个完整的交易计划应包含以下要素：

（1）交易方向：明确是看涨还是看跌，或是否进行套利交易等。

（2）进场位置和出场位置：确定买入和卖出的价格点位，这需依据技术分析和市场趋势来判断。

（3）进场时间：选择合适的交易时间点，这取决于市场活跃度和个人时间安排等因素。

（4）仓位控制：确定投资金额和仓位大小，以控制风险并获取合理收益。许多黄金投资者虽有交易计划，但计划常不完整或不具体。比如，有些计划仅关注价格方向，却未充分考虑进场和出场的具体条件。

假设某投资者制订了一个完整的交易计划。他通过技术分析和市场趋势判断，确定了交易方向为看涨。他计划在每盎司2330美元的价格买入，目标价格为每盎司2450美元，并设定了止损点为每盎司2300美元。他选择在2024年7月1日进场，8月1日出场，投资周期为31天。最终，他以每盎司2445美元的价格成功卖出，实现每盎司115美元的盈利。

2. 考虑市场可能的变化和预备案

在进场交易前，投资者应预估市场可能出现的各种情况，并制定相应的预案。这包括考虑市场波动、价格反转、突发消息等因素对交易的潜在影响。当市场出现出乎预料的情况时，投资者应保持冷静，根据预案做出决策，而不是胡乱交易。

比如2024年11月11日，黄金市场突然大跳水，成交量激增。很多投资者因没准备好预案，损失惨重。但也有些投资者提前设好计划，价格一旦跌到支撑位就果断买入，市场恐慌时保持冷静，市场反弹时才能盆满钵满。

3. 坚持计划的意志力

除了制订完整的交易计划外，坚定执行计划的意志力同样重要。许多投资者在交易过程中，因市场的短期波动而心生忐忑、随波逐流，轻易改变原计划，这常常导致投资失利。“千磨万击还坚劲，任尔东西南北风”，投资者需在市场的波动中保持坚韧，抵御各种诱惑和干扰，严格按照计划执行。

4. 学习和积累经验

黄金市场复杂多变，掌握技术分析、基本面分析等方法，有助于投资者精准判断市场趋势及价格走向。而通过实践与经验的积累，投资者可以不断完善自身的交易计划与策略。

黄金投资是一场心理与策略的双重博弈。正所谓“谋定而后动，知止而有得”，唯有筑牢心理防线，精心制定并严格执行策略，持续学习积累经验，方能在风云变幻中把握先机，稳健增长。

第二节

顺势而为，不与大势相争

以近年来全球经济形势的波动为例，当市场不确定性增加时，黄金价格往往逆势上扬，为投资者提供了难得的获利机会。然而，要想在黄金市场中稳健获利，绝非易事。正如那句投资箴言所说：“市场短期是投票机，长期是称重机。”在黄金投资的道路上，投资者必须坚守市场纪律，精准把握市场趋势，才能在短期的市场波动中保持冷静，在长期的投资过程中实现资产的增值。

一、遵守市场纪律

遵守市场纪律是投资者迈向成功之路的首要准则。只有如此，才能保持清醒与坚定，从而精准把握投资机遇，有效规避风险。

1. 合法交易选择

在进行黄金投资之前，投资者必须选择一家合法且能确保资金安全的代理经纪商开户交易。这一选择极为关键，因为它直接关乎投资者的资金安全和交易合规性。经纪商的资质、信誉、服务水平等多方面因素，都需要经过仔细考察，以确保挑选到合适的合作伙伴。

2. 风险与回报的认知

在入市前，必须清醒地认识到自己的风险承受能力和期望回报率。这有助于投资者设定合理的入市目标价格和止损价格，避免因盲目跟风或情绪化交易而导致损失。对于新手而言，明确的风险和回报认知尤为重要，这有助于更好地坚持既定的交易计划。

3. 遵守交易纪律的重要性

不因短期市场波动而改变自己的决策。许多投资者入市后容易忘记或忽视原先的交易计划，特别是在价格接近止损价时，容易产生妥协心理，临时变动或取消既定的止损价。当一个投资者心存侥幸，擅自变更止损价，希望市场能反弹。最终结果只能是市场继续下跌，最终导致其损失远超预期，账户资金大幅缩水。

4. 纪律的执行与持久

纪律不仅在一时的交易中至关重要，更在长期投资过程中不可或缺。即便投资者做出了精准的分析判断，若不能严格执行和遵守，也是无法获取利润的。而且，即使侥幸获得短暂的利益，也难以持久，终会如昙花一现般转瞬即逝。

我的同事小王刚入黄金市场时，对一款黄金期货产品做了详细分析，认为其有较大上涨空间，便制订了分批建仓、设置止损等严谨计划。起初他严格执行，小有盈利。但随着金价波动，他心存侥幸，擅自突破计划加仓。结果市场突变，金价暴跌，因未及时止损，他损失惨重，之前的盈利化为泡影。

5. 专家指点与自我约束

除了外界的指导和帮助外，投资者还需要培养自我约束的能力，在面对市场波动时，能够保持冷静，坚持既定的交易计划。这需要投资者不断学习和实践，以提高自身的投资水平和心理素质。

二、黄金投资策略之四大基石

黄金投资有四个重要原则，它们如同稳固的基石，支撑着每一位投资者的决策与行动。这四个原则分别是：信任并尊重市场、自我认知的重要性、交易技术的培养与提高、顺势而为，不与大势相争。遵循这些原则，投资者方能在黄金市场的波涛汹涌中稳操胜券。

1. 信任并尊重市场

在投资界，存在着两种截然不同的声音和观点。基础投资专家认为，市场常常是错的。他们致力于寻找市场的错误，并通过纠正这些错误来获取利润。在他们眼中，正是市场的“错”，为交易提供了机会。他们敢于挑战传统智慧，勇于逆流而上。然而，技术投资专家则持相反的观点。他们坚信“市场永远是对的”。这并不是说市场永远正确无误，而是强调投资者应尊重市场、顺应市场趋势。市场是由无数精明的投资者和决策者共同塑造的，其中蕴含着大量的信息和反应。任何试图与市场对抗的交易策略都可能是危险的。

黄金投资如果以技术分析为主，投资者应当深信“市场永远是对的”。这意味着在交易过程中，不应与市场争论，不应固执己见。市场的走势不会因个人的想法和预期而改变。相反，如果以基本分析来指导黄金投资，投资者则需铭记“市场常常是错的”。这并不意味着否定市场，而是提醒投资者要保持独立和批判性的思考，不盲目追随市场的每一次波动——尤其是在基本面发生重大变化时。

2. 自我认知的重要性

初入黄金市场的投资者常常过于自信，他们认为只要掌握了市场的规律，就能轻松赚钱。然而，成功的投资并不仅仅是了解市场那么简单。更重要的是要了解自己——了解自己的风险承受能力、交易风格和个性。“知己知彼，百战不殆”，在黄金市场中，这句话同样适用。如果只知道市场的走势，而忽视了自己的实际情况，那么在面对市场的波动时，就很容易做出错误的决策。

我的发小一直对黄金投资很感兴趣。他自认为对市场规律颇有研究，便满怀信心地踏入了这个领域。然而，他却忽视了自我认知的重要性。他性格沉稳，但风险承受能力较弱，且交易风格偏向保守。在一次市场波动较大的行情中，他按照自己对市场规律的理解，贸然采取了激进的交易策略。结果，当价格出现短暂的大幅下跌时，他瞬间慌了神，完全不知所措，最终不得不在恐慌中止损出局，损失惨重。

3. 交易技术的培养与提高

交易技术的培养是保证交易成功的重要一环。它不仅包括明确交易的目的和策略，还包括提高投资者的心理素质和技术分析水平。许多投资者都会通过学习和实践多种交易技术来提升交易效率和市场灵活性，从而更好地把握市场机会。

4. 顺势而为，不与大势相争

黄金市场是一个全球性的市场，受到众多因素的影响。无论是个人投资者还是投机基金，都无法单独影响市场价格。因此，最明智的策略就是跟随市场的趋势进行交易，而不是试图与大势相抗衡。

然而在实际操作中，许多投资者常常违背这一原则，当他们看到市场价格上涨时可能会犹豫是否追涨，而在价格稍微出现一点回调迹象时，却迫不及待地入市去获取所谓的蝇头小利。当出现亏损时，他们又往往不愿意止损，而是选择继续持有，希望价格能够反弹回本，甚至有的人为了摊低均价而不断地加仓，最终导致更大的损失。

顺势而为，这样才能够更好地把握市场的机会，有效控制风险。

纪律与智慧并重，方能行稳致远。投资有风险，黄金虽具避险之能，却非无懈可击。投资者唯有坚守纪律，深谙市场规律，方能稳健前行。需牢记：最佳时机永远是当下，用定投的逻辑去把握，不为短期波动所动。

第三节

不听劝的人最容易踩坑

人的心理因素往往不可忽视。由于个性特质和环境等多种因素的影响，投资者常常会在不知不觉中陷入心理误区，从而导致投资决策出现偏差。具体有哪些常见的心理误区呢？又该如何有效地防范和避免呢？

一、投资中常见的心理误区

1. 从众心理，盲目跟风

许多投资者容易受到周围人或“专家”的影响，盲目地“追涨杀跌”，将他人的决策当作自己的决策依据，寄希望于他人来决定自己的投资方向。

具体来说，跟风随流的心理误区主要表现为投资者过度依赖他人的意见和决策，忽视了自己的判断和独立思考。他们常常把周围人的行为或专家的言论当作行动的指南，却忽略了市场中的复杂因素和潜在风险。这种心理误区不仅容易使投资者做出错误的决策，还可能让他们在遭受损失时感到无助和迷茫。

2.举棋不定，犹豫不决

这种心理在初入市场的投资者身上表现得尤为突出。一些投资者尽管事先制订了投资计划，但当听到他人的不同观点，尤其是当经验丰富的投资者提出异议时，他们就会开始动摇，对自己的判断产生怀疑，陷入两难境地，不知所措。

厦门一位资深投资者曾经有过一次痛苦的决策经历。面对黄金市场的波动，他一度犹豫不决。他注意到金价持续上涨，虽预感可能会有回落，然而，在金价刚开始下跌时，他犹豫是否应该立即卖出。结果，正是这一时的犹豫，让他错失了最佳时机，遭受了巨大损失。这位投资者事后深感懊悔，表示："我当时真应该果断行动。"

3.欲望之无底深渊

追求投资收益本无可厚非，但在黄金市场中，投资者需警醒，不可被无止境的贪心所左右。美国汇市有一句名言："在华尔街证券市场，无论是多头还是空头，都有发大财的机会，唯有贪得无厌之辈是例外。"

市场机会是均等的，但过度贪婪只会让自己陷入困境。在黄金市场的竞争中，贪心的投机者尤为常见。他们总是被欲望驱使，无法控制自己的贪婪。每当金价上涨时，他们心中默念"坚持就是胜利"，总是希望再等一等，以获取更多盈利机会。然而，这种心态往往让他们错失抛售良机。而当金价下跌时，他们又迟迟不肯买入，总以为金价会继续下跌，想等待更低的价格。

被贪心驱使，往往会失去理智的分析和判断，无法根据企业、经济形势以及市场大势做出正确决策。

曾经有一位名叫花花的投资者，在谈及自己以往的失败经历时，总是叹息不已。他看到别人盈利，心里便羡慕不已，自己的欲望也随之不断膨胀。结果，他一次次错失了翻本的机会，只因过于追求高收益，而忽视了风险的存在。他虽然明白“盛极而衰”的道理，却未能及时醒悟，最终导致投资失败。花花的经历不仅是他个人的教训，也是所有投资者都应当引以为戒的典型案例。

4.疏忽与放任

有些投资者在完成交易后，会选择放任不管。他们可能因为繁忙的生活或工作安排，逐渐忘记自己的投资。这种放任的态度，往往会导致投资者在不知不觉中遭受重大损失，甚至血本无归。

与其他的投资心理误区相比，疏忽与放任的问题显得更好解决。它不需要对投资复杂的推理或深奥的理解，关键在于投资者对投资行为是否有足够的重视和关注。只要投资者愿意稍加留心，把投资当作一件重要的事情来对待，那么就可以轻易走出这种心理误区。

以马先生为例，他购买了价值480万元的黄金期货合约，但由于日常事务繁忙，他很少关注自己的持仓信息。随着时间的推移，他甚至将这件事完全忘在了脑后。直到交易日临近，他才猛然想起，进入账户查看时，发现已经产生了较大的损失，而且损失还在不断扩大。面对这样的局面，马先生只能忍痛平仓，承受经济损失。

疏忽与放任漠视是投资过程中的一大忌讳。在这种态度下，投资者寄希望于靠运气来获取收益，这无疑是将自己的命运交给了不确定性。如果投资者采取这种态度进行交易，那么他们很可能最终会自食其果，以亏损收场。

投资者在投资过程中应该保持警惕和关注。定期检查投资项目的进展和表现，及时调整策略和行动。只有这样，才能避免因疏忽与放任而造成的损失，实现投资的目标和愿景。记住，投资不是一件可以轻视的事情，需要认真对待和用心经营。

5. 盲目观望，错失良机

有些投资者虽然已经制定了投资策略，但在实际操作时却容易受到外界影响，犹豫不决。例如，他们原计划在金价下跌时购入，但当看到市场上众人纷纷抛售，就会因恐惧而退缩。同样，有些人本无明确的购买计划，却因受到周围人的影响而冲动购买。还有一些投资者总是期待黄金价格更低，认为当前价格不够实惠，这种心理使他们始终无法在合适的时机购入，从而错失良机。

更令人惋惜的是，这些投资者在错过最佳买入时机后，往往会陷入越等价格越高的循环，进而更加不敢下手。对市场形势的错误判断，常常使投资者错失绝佳的投资机会。黄金市场的走势常常受到政治、经济形势变化以及企业经营成果的影响。因此，在投资黄金市场时，除了关注市场的动态外，还需密切关注当地和国际的政治、经济形势以及企业的经营状况。

二、心态调整与策略应对

1. 独立思考，自我决断

大户的交易行为常常具有重要影响。这些大户大多是经验丰富的职业投资者，对市场动态和投资者心理有着深刻的理解，他们的高盈利交易记录往往会引发“羊群效应”，从而导致盲目跟风的现象。为了避免陷入这种误区，投资者应保持独立思考和判断能力，不被他人的决策左右。

依据自身的投资目标和风险承受能力，制定出合适的投资策略，相信自己的能力，更多地依赖自己的判断，并且始终坚持自己的决策。

2. 正确决策，果断出击

一旦投资者对自己有了充分的信心，就会勇敢地跟随自己的直觉和判断，而不会在他人意见与自己相左时摇摆不定。巴菲特的投资法则强调在最适合的时机买入最稀缺的资产，这凸显了投资者需要快速、准确地做出决策的重要性。亚当理论也指出，市场对黄金价位的认同度往往决定了未来的行情走向，这就要求投资者必须对市场有深入的了解和精准的判断，以便在市场中迅速做出正确的决策。

消息和谣言时常泛滥。对投资者来说，听到好消息时应立即采取行动；而当坏消息传来时，也应及时调整策略。交易的速度和准确性对于避免损失至关重要。

3. 审时度势，把握时机

在投资的世界里，“建立头寸”如同开启一扇门，标志着投资者买入黄金的行为。恰当的入市时机能够为投资者带来更多的盈利机会，而错误的时机则可能导致损失。相对加仓，“斩仓”是在金价下跌时采取的止损措施，投资者应审时度势，及时斩仓，是为了避免更大的损失。

“获利”的时机同样需要投资者准确把握。当金价朝着有利的方向发展时，平盘即可赚取利润。然而，平盘过早可能会使盈利有限，平盘过晚则可能错失时机，金价走势发生逆转，导致不盈反亏。

总的来说，投资市场上的角逐不仅是智力的较量，更是对心态的考验。摒弃无止境的贪欲，相信自己的分析和判断，才能在市场中稳健前行。不是每一次投资都能碰巧赚到钱，但每一次的决策都应基于理智和谨慎的分析。

第四节

赚了亏了都是常态

2025年1月24日中国黄金协会发布的数据显示，2024年我国黄金消费量同比下降，但金条销量却大幅上升，这表明在国际局势动荡、冲突加剧的背景下，黄金的避险保值属性凸显。这不仅考验着投资者的勇气与耐心，更折射出他们对市场的理解和把握。

以2023年黄金市场为例，伦敦现货黄金价格在降息预期提振下，12月突破历史新高，全年上涨13.2%，而国内金价表现更佳，上海金（AU9999）收盘价全年上涨16.8%。这一波行情中，许多投资者因过早出售而错失了更大的增值空间。在市场的变幻中，最大的风险往往不是价格的波动，而是投资者内心的动摇。因此，投资者在黄金市场中，不仅要具备敏锐的市场洞察力，更要有敢于赢的勇气和理智面对盈亏的心态。

一、投资者应有的黄金投资心态

在复杂多变的黄金投资市场中，投资者要想稳健前行并收获成功，良好的心态至关重要。

1. 有敢赢的勇气

投资者的自信至关重要。他们不仅是在投资黄金，更是在与市场博弈，与自己内心的恐惧和贪婪进行角力。不少投资者在金价上涨初期，就急于将黄金售出，仿佛将盈利装入口袋就等于安全。然而，这种急于落袋为安的心态，往往忽视了黄金可能具有的长期增值空间。

需要明确的是，黄金的市场价格并非总能反映其真实价值。这就意味着，有些投资者可能因过早出售而错失了黄金继续上涨带来的丰厚收益。

一名投资者在2023年7月以每克455.8元的价格购买了四根金条。当时他通过分析黄金的供需关系、全球的经济状况以及地缘政治的风险，认为黄金的真实价值被市场低估。尽管金价在短期内有所波动，但他并没有急于出售，而是继续关注市场动态。到了2025年1月，沪金主力合约价格再创新高，达到了每克645元。他参考了黄金市场的市盈率等指标，认为此时出售可以获得丰厚的利润，于是他选择在每克625元的价格时将其售出，获得了19.5万元的利润。

更为有趣的是，按照常规的投资逻辑和市场惯例，黄金价格的上涨有时会持续数倍之久。因此，投资者在决定何时出售黄金时，应以市盈率为重要参考依据。

市场的波动往往出乎预料。有时黄金价格已经过度上涨，但有些投资者在面对金价可能的下跌时，却选择坚守阵地。这或许是因为他们内心深处对亏损的恐惧和对盈利的渴望达到了平衡。但这种“死守”策略往往不是明智之举，因为市场是不断变化的，任何一时的坚持都可能成为未来的遗憾。在黄金市场中，许多投资者赚得少、亏得多，其中一个重要原因就是他们缺乏“敢于赢”的勇气。他们往往因为一点小小的盈利就满足，而忽略了市场的更大机会，从而选择卖出。

另一则案例中的魏先生，他以每克650元的价格买入黄金，一周后黄金出现了微小涨幅。然而，市场趋势显示黄金有更大的上涨空间，但他却因为“知足”而选择卖出，错失了更多盈利的机会。同样，当金价下跌时，魏先生又盲目地买入，结果再次遭受损失。他的问题在于没有及时止损，也没有根据市场情况做出及时的调整。这种“见好就收、见涨就卖”的心态，在投资市场中是行不通的。投资者应培养的是一种基于深入分析、合理判断的决策能力。

投资不仅关于金钱的增减，更关于内心的成长和历练。当你下一次站在黄金市场的十字路口时，不妨多一些自信和勇气，少一些盲目的贪婪和恐惧。

2. 理智面对盈亏

投资世界竞争与风险并存，没有永远的胜者，也没有永远的败者。关键在于，投资者必须学会根据市场行情的变化，灵活调整自己的投资策略。当市场趋势显示黄金价格走低时，投资者应当保持冷静，不被损失困扰。令人遗憾的是，许多投资者在面对亏损时存在“不敢输”的心理障碍。缺乏对市场大势的深入分析，认为市场会按照他们的预期发展……这种自欺欺人的做法最终只会招致更大的损失。

郝先生是一位黄金投资成功率相对较高的投资者。然而，有一次他却遭遇了连续三次操作中两次盈利却总体亏损的困境。原来，在盈利的时候，郝先生能够果断卖出；但在亏损时，他却陷入了“不敢输”的困境。他抱有侥幸心理，认为黄金价格会反弹上涨。不幸的是，当时市场正处于熊市，黄金价格持续下跌。最终，郝先生不仅将之前赚到的钱全部赔了进去，还额外亏损了不少本金。

真正的聪明人不仅懂得如何赚钱，更懂得在适当的时候选择止损。这样，才能在黄金交易市场中走得更远、更稳。

二、理解黄金市场的真实含义

有些投资者将市场误认为是赌场，怀揣着一夜暴富的幻想，渴望迅速致富。这类投资者往往希望捉住所有的黄金机会，期望通过一次交易就能获得巨大的利润。一旦他们在黄金市场中获得了一些利润，往往会被胜利冲昏头脑，如同赌徒一般频繁加注，甚至将自己的全部身家都押注在黄金市场，直至输得精光。

遗憾的是，当市场不利时，这些投资者往往容易采取背水一战的策略，将所有的资金都投入黄金交易中。这种行为往往会导致他们倾家荡产，得不偿失。市场中的每一次交易都应基于深入的分析和风险评估，而非简单的赌气或冲动。尤其是当人们带着赌气的心态去买卖投资产品时，更应该先设定好投资资金的比例。这样才能在市场中保持冷静，做出明智的决策。

把所有的钱都投在一种产品上无异于赌博，这同样适用于以保值避险为主的黄金投资。我们不能带着赌博的心态去“炒”黄金。一些投资者甚至将黄金当作股票来交易，频繁地买卖，只关注价格的涨跌，而忽视了黄金投资的真实意义和风险。

第九章

如何用黄金穿越周期

第一节

存得起，拿得住

你有多少存款？如果明天突然失业，你的存款够你花几个月？

我相信很多人都不愿意面对这个问题。

你是不是也觉得奇怪，明明我们每天都按时上下班，钱包却总是不够鼓，好像总有需要花钱的地方。那么，为什么大多数人存不住钱？我可以这样回答你：能拿得住钱，是实现财富自由的必经之路。

消费主义盛行，导致许多人在追求“即时满足”的过程中，忽略了储蓄和投资的重要性。买一件衣服，吃一顿大餐，或是购买一部最新款的手机，似乎成了许多人生活的常态。高消费、高债务的生活方式，会让人们无法实现财富积累。然而，真正的理财不仅仅是为了享受当下，更是为未来的安稳生活打下基础。

仅仅依赖于传统的储蓄方式，不足以应对未来可能出现的财务压力。现如今，越来越多的人开始将目光投向了稳健投资，尤其是以少量且持续的方式进行黄金积累。黄金作为一种避险资产，其保值增值的特性使得它成了很多人心目中的“硬通货”。并且，投资黄金并不需要一次性投入大量资金，小额的投资同样能够积累财富，正是“存得起，拿得住”的最好诠释。

一、每个月500元就能投资黄金

在经历了超前消费的狂欢之后，越来越多的人开始意识到，真正的安全感来自稳定的资产积累，而非即时的消费满足。而黄金与股票等投资方式相比，最为突出的优势就在于它的低门槛和较低的投资风险。这种觉醒也催生出近几年的一个新现象——攒金豆。

这种新型投资方式的核心载体是重量仅1克的金豆，其价格随着国际金价实时波动，恰好匹配年轻人可承受的储蓄额度。不同于传统的金条、金饰投资，金豆产品没有加工溢价，也没有太多的仓储门槛。

点开各大社交媒体上相关话题的评论区，能看到成千上万条分享：“这个月省下五百块钱，入手一颗小金豆”“存了一年多，终于凑成一条金手链”。这种新兴理财方式的流行，也在颠覆人们对黄金投资的传统认知——原来，普通人不需要一掷千金，也能在点滴积累中触摸到“硬通货”的价值。

与需要专业知识的股票基金投资不同，黄金的价值认知跨越文化界限，其抗通胀特性历经千年验证。1克黄金约等于几顿丰盛的大餐，却能在经济波动时保持一定的市场价值和购买力。在日常生活中，每个月省下几百元用于购买黄金，这样的投资方式不会让人感到经济压力，却能在未来享受到财富增长的成果。

黄金的低门槛让任何人都能轻松迈出投资的第一步，即使你是一名刚刚步入职场的年轻人，也能够通过小额的投资开始积累资产，逐步实现财富的增值。这种“看得见摸得着”的安全感，正在吸引越来越多年轻人将黄金视为“存钱罐Plus”。

二、“零压力存钱法”，低门槛黄金投资技巧

所谓“零压力存钱法”，指的就是利用日常生活中的零星闲钱，通过长期、小额地投资积累黄金。对大多数普通人来说，这也是黄金投资的优势之一。这种方式不仅避免了将大量资金一次性投入所带来的压力，也能够灵活地进行调整，适应每个人的收入水平和消费习惯。

黄金投资最常见的方式是购买实物黄金。实物黄金不仅具有较高的流动性，还能避免市场波动对数字资产产生直接影响。

如果你也想迈出你的理财第一步，不妨先试试这个“零压力存钱法”。

给自己构建的几个场景化的存金策略：

（1）建立“消费—黄金”转化公式（如1杯奶茶=0.02克黄金），当你想喝奶茶时，就通过记账App记录下一杯奶茶的价格并折算为相应的虚拟黄金克数，等到月底时，将这笔省下来的奶茶钱全部用于购买黄金。

（2）如果你有购买一些不必要商品的习惯，如每月购买一件衣服或一些小物件，不妨尝试在每次冲动消费前，都问自己“这个商品是否真的是必需的”，将你本应花费在这些商品上的钱转而

用于购买黄金。

（3）加入各类存钱社群，例如豆瓣“反消费主义”小组。和其他同样有理财意识的人一起每日打卡，努力存钱。某社交平台就曾发起过“365天存钱计划”，每天存入相当于当日日期数值的金额（如第一天存1元，第十五天存15元），全年可积累66795元，约合80克黄金。

这些省下来的钱累计起来便能转化为一小部分黄金。不仅帮助你节省出一笔不小的资金，还能通过持续的黄金积累来实现财富增值。

当你看着存满金豆的小玻璃罐时，这种满足感一定比购买任何快消品都真实。这种“看得见、摸得着”的财富积累方式，正在重新定义年轻一代的理财哲学。

无论你是出于保值、储蓄还是获利的目标进行投资，都应该明白黄金只有长期持有才能体现价值。你需要结合自己的财务水平和人生规划出手，避免短期的价格波动扰乱心智。

越是成功的人，越是敬畏规则。一旦你在长期实践中懂得了分散风险、降低成本等策略，手上的黄金就不再是“柜里吃灰”的死物，而是和时间、社会、通胀赛跑的工具。

在充满不确定性的经济环境中，黄金投资的“存得起”特性提供了财务规划的入口，而“拿得住”的本质则是给予投资者敢于对抗投资风险的心理锚点。也许，黄金不是在创造财富，而是在守护那些本就属于你的财富。

第二节

黄金首饰：没有谁比商家更懂拿捏人

黄金首饰作为一种重要的投资产品，不仅有美丽的外观能满足消费需求，还拥有贵金属的价值功能。然而，在选购黄金首饰时，许多人可能会被一些商家的虚假宣传、过高的价格或是不合理的质量标准所迷惑，导致最终的投资并未达到预期的效果。如何避开这些“坑”是每个黄金消费者都需要关注的问题。

一、选购前你应该了解什么

在决定购买黄金首饰之前，掌握今日大盘金价是基础中的基础。

国际黄金现货价格（通常称为“大盘金价”）是黄金首饰定价的基准，也是衡量黄金价格走势的主要依据。不同于普通商品，黄金的价格受全球经济形势、各国货币政策、国际投资需求等因素的影响，价格常常呈现出波动性。

以国内的金店为例，每家金店都会有“挂牌价”，是以当天的大盘金价为基础，叠加工费、税费等成本形成的。以2023年的数据为例，黄金的年均价格约为每克470元，但金店挂牌价普遍在每克500~600元区间。

某些商家还会在节假日期间标注“直降100元”等促销信息，实际上可能是将挂牌价提高后再打折，造成“明降暗升”的价格幻觉。因此，我们在选购黄金首饰前时，一定要了解大盘金价。可以通过上海黄金交易所官网、权威的财经App、手机银行等渠道查询实时金价，建立价格敏感度。

需要特别提醒的是，市场上有一些商家采取“一口价”的方式进行销售。看似只需要支付固定的价格，其实消费者忽略了其中可能包含的附加费用。

我的朋友张女士去年购买了一款标价1.5万元的“一口价”黄金手镯。然而，等她再想找人回收手镯时，却发现这只手镯的购入价格比大盘金价高出40%。

这类产品往往以精致的工艺作为卖点，但其中隐藏着几个风险：第一，工费折算单价可能高达每克200~300元，远超常规工费标准；第二，克重信息常以极小字体标注或者不标注，消费者容易忽略克重问题；第三，回收时黄金是按克重计算的，折旧损失相当高。

张女士的案例并非个例——黄金首饰作为兼具消费与投资属性的特殊商品，其选购过程暗藏诸多学问。若未掌握基础金价、定价规则与市场渠道的核心知识，极易陷入“高价低质”的消费陷阱。

二、定价体系

除了金价本身，工费、品牌溢价和工艺等因素都会对定价产生重要影响。了解这些因素，消费者才能更好地把握黄金首饰的性价比。

黄金首饰工费包含模具开发、人工加工、损耗补偿等成本，工艺越复杂，工费就越高。目前行业主流计价模式有三种：第一种为“固定工费”，常见于素金类产品，通常每克15~30元；第二种为“比例工费”，多用于3D硬金等特殊工艺，按金价的20%~30%收取；第三种为“艺术附加费”，针对高端定制产品可能高达每克500元。头部黄金品牌的溢价主要来自设计研发、售后服务和品牌价值。周大福、老凤祥、老铺黄金等一线品牌的工费溢价通常比小品牌高20%~40%。

例如，创立于2016年的老铺黄金，其故宫系列产品工费高达每克300~500元，却仍受到众多消费者的青睐，有时甚至一金难求。这种现象背后是文化赋能的商业逻辑：通过复刻明清宫廷造办处的花丝镶嵌技艺，将每件产品转化为可佩戴的“文物级”艺术品。消费者选购时看重的不仅是黄金本身的价值，还有其背后的文化含义和文化价值。

而我们要做好的心理准备是，这种文化溢价在黄金回收市场上存在严重折损，回收价格会显著低于初始售价。将高工费黄金视为投资品显然是不合理的，但这类产品的文化价值也是无可替代的。

除常见的克重计价外，还需特别注意两种特殊计价模式：

（1）金价工费分离计价：看似透明，实则可能通过提高工费单价获利。

（2）整体折扣促销：对高工费产品打折，诱导消费者忽视单位成本。

消费者在选购黄金首饰时，应了解商家采用的计价方式。建议采用“总成本＝当日金价×克重＋工费×克重”公式核算，确保自己支付的价格合理。

三、黄金纯度

根据国家标准《首饰贵金属纯度的规定及命名方法》（GB 11887–2012），含金量≥99%的黄金制品统一称为“足金”。自2016年起，国标取消了“千足金”“万足金”等分级称谓，统一将其归类为足金。因此，无论商家如何宣传“三个九”“四个九”，只要纯度≥99%即属于足金范畴。

相比之下，K金则是由黄金与其他金属（如铜、银、锌）熔合而成的合金，金含量较低。常见的K金有18K金（即金含量为75%）、14K金（即金含量为58.3%）等。由于K金中含有其他金属，因此其成本相对较低，硬度较高，不易变形，适合用于制作一些复杂设计的首饰。但由于黄金的含量较低，其价值自然也远不如纯度较高的足金。因此，除非出于佩戴需求，否则建议投资者优先选择足金制品。

在购买黄金首饰时，我们还要特别关注钢印。正规的黄金首饰都会标有钢印，帮助消费者辨别其真实性。常见的标注有“Au999”“G999”“足金999”，这三种标识都表示该首饰的金含量为99%以上，是正规的足金产品。若发现商品上仅有“999”数字而无材质标识，那么它极可能是伪造钢印的劣质产品。

对于无钢印的黄金制品，即便其通过检测确认含金量达标，也属于违反国家标准的不合格产品。这类商品在流通环节可能会面临回收障碍，部分回收商会以手续不全为由压价收购。因此，消费者在购买时一定要仔细核对。

市场上还有一些黄金制品，它们的钢印上可能标示了其他字样。

KF（包金）是在铜、银等基底金属表面包裹金箔，通过机械碾压而成。包金制品的金层重量需占总重的5%以上，但实际市场产品良莠不齐。

KGF（锻压金）采用高温高压将金箔压合在基底金属表面，其金层厚度通常不足0.05毫米，佩戴半年就可能出现磨损露底。

GP/KGP（镀金）制品通过电镀工艺附着金层，厚度仅0.3~1微米。按国际通行标准，镀金首饰的金层重量占比低于0.05%，几乎不具回收价值。某些商家会将镀金产品标注为“18KGP”，利用字母组合混淆概念。

切记：凡含“GP”“GF”“KP”标识的产品，均不属于足金范畴。

四、款式也有大学问

购买过程中，除了纯度，款式也是消费者需要关注的重点。款式选择不仅关乎佩戴体验，更直接影响其长期保存状态和二次流通价值。

耳环：选弯针不选直针

黄金莫氏硬度仅为2.5（与指甲相近），纯金直针耳钉在佩戴时极易弯折变形。为了提升强度，市面上90%的直针耳钉会采用合金工艺。通过降低黄金纯度来提升针的硬度。相较而言，弯钩式耳环通过环形结构分散应力，可完全使用足金制作，既能保证纯度，又能避免耳针断裂风险。

项链：选M/S扣不选弹簧扣

M扣（又称鱼尾扣）和S扣是足金项链的标准配置，其开合结构依赖黄金本身的延展性。而弹簧扣由于需要弹性支撑，必须使用含弹簧钢芯的K金材质。

手镯：选一体成型不选搭扣

手镯应该选择一体成型式或者推拉牛鼻扣式。这是因为选择整体铸造工艺，能通过黄金的滑移特性调节圈口尺寸，避免搭扣结构的损耗。而搭扣款手镯为增强机械强度，常在搭扣部位混用不锈钢或铜合金。镂空工艺手镯也要小心选择，由于镂空设计，手镯内部存在较多空隙，容易受到外力挤压而变形；在制造过程中可能会使用焊接工艺，这样的手镯在使用时可能会因为焊接处的脆弱性而出现断裂。

镶嵌类黄金：不宜选择

俗话说“镶金没好玉，好玉不镶金”。优质的玉石无须黄金衬托价值，而低质的玉石常常通过镶金来抬高售价。并且爪镶、包镶等工艺必须使用K金固定玉石，镶嵌部位必然存在金的纯度降级。在长期佩戴和使用过程中，还容易出现黄金与宝石之间的松动或脱落等问题。

五、什么时间入手最合适

黄金首饰的价格受到多种因素的影响。需求量的波动则起到决定性作用。合理的购买时机不仅能帮助消费者以较为合适的价格购入商品，也能让其成为一笔不错的投资。

珠宝企业通常在春节后进入生产，4月底完成春季新品的储备。此时，通过让利促销既能回笼资金，又能为下半年旺季腾挪仓储空间。所以，五一前后商家会通过折扣、赠品等方式吸引消费者购买。对于一些没有时间关注日常黄金首饰市场价格波动的消费者，这时的促销活动可以帮助他们在相对优惠的价格范围内购买到心仪的黄金首饰。

相较于其他时段，8月通常是黄金首饰市场的淡季。在这一时期，黄金的需求相对较低，这主要是由于夏季气温较高，人们的购买欲望和活动较少。此时，商家为了刺激市场，往往会推出一些具有吸引力的折扣活动。此时购买，无论是个人使用还是作为投资，都可能获得较为划算的价格。

与之形成鲜明对比的是春节和国庆期间的价格陷阱。这两个节假日通常会导致黄金首饰需求激增，进而推高价格。春节期间，由于人们习惯购买黄金首饰作为节日礼品或用于收藏，市场需求会急剧增加，价格出现较大幅度的波动。

9 月至国庆黄金周是黄金首饰需求的高峰期。主要源于旅游消费的溢出效应，各大商圈通过捆绑销售（如满赠、抽奖等）变相抬价，消费者实际支付的综合成本往往高于标价。

选购是一项需要谨慎和细心的工作。不仅要关注黄金的价格，还要了解最佳的购买时机和如何避免陷阱。只有这样，才能确保黄金首饰成为一种真正的价值投资，而不陷入市场的各种陷阱。希望每一位消费者都能够理性购买，仔细甄别，享受黄金带来的美丽与财富。

第三节

攒黄金能养老吗

2024年，全球黄金需求创下历史新高。世界黄金协会（WGC）发布的最新数据显示，2024年第四季度黄金需求总量（包含场外交易投资）同比增长1%，创下季度新高；全年总需求也达到了创下历史新纪录的4974吨；全年投资总需求增长25%，达到了1180吨，创了四年以来的新高。

然而，尽管黄金需求如此强劲，市场上流通的黄金仍然极为有限，黄金的稀缺性始终是黄金市场的核心特征。那么，问题来了：地球上究竟有多少黄金？根据科学家的估算，地球上总共有约4亿亿吨黄金，理论上，如果将这些黄金平均分发给全人类，那么每个人将能获得超过550万吨的黄金。这个数字足以让每个人成为亿万富翁，但现实却是国际金价持续在每盎司2900美元高位震荡。

那么，为什么黄金在地球上有如此庞大的存量，在现实中却依旧稀有？

一、总量丰饶但开采量有限

黄金虽然存量巨大，但它的分布并不均匀。大部分黄金并不位于地壳之中，而是埋藏在地球的核心区域——地核之中。

地核的温度超过5000摄氏度，压力相当于大气压的350万倍，这个由铁镍合金构成的液态球体，储存着地球99.7%的黄金。这些黄金自45亿年前地球形成之初就已深埋其中，以人类现有的科技水平，即便再过千年也难以企及。

真正可供开采的黄金仅存在于地壳上部10千米范围内，且平均浓度仅为十亿分之四。

截至目前，人类已开采的黄金大约为20万吨。这个看似庞大的数字若均分给全球人口，每人只能获得约26克黄金。这一数量相对于地球上黄金的总量，显得微不足道。而真正参与市场流通的黄金更是不足总量的一半，各国央行储备、工业用途和私人收藏占据了大部分存量。

根据世界黄金协会的数据，人类每年的黄金开采量大约为3000吨。这意味着，全球金矿的可开采量只能维持40年，甚至有可能在不久的将来，黄金的开采将达到瓶颈。因为，开采并不是无限制的。随着金矿资源的不断减少，剩余的未开采金矿将会越来越稀缺。开发新金矿所需的投资巨大，开采难度和成本也会增加。

黄金的稀缺性和高开采成本，使其不仅在自然界中极为珍贵，也使得它在全球经济中占据了重要的地位。

二、投资黄金：养老手段的新可能

随着经济形势的变化和社会保障制度的压力，越来越多的普通人开始关注如何为自己的退休生活积累财富。更有聪明的投资者发现，黄金作为一种保值增值的资产，为什么不能成为未来养老资金的一部分呢？

首先，黄金有着明显的政策利好，中国央行近几年连续增持黄金储备。数据显示，截至2025年2月，中国黄金储备量环比增加了16万盎司，增幅达4.98吨。这一增持幅度不仅反映了政府对黄金的重视，也显示出黄金作为重要金融资产的地位愈加突出。

增持行动传递着清晰的信号：在美元信用波动、地缘冲突频发的背景下，黄金正重新被赋予货币锚定物的战略地位。中国作为世界第二大经济体，其持续增持行为既是对冲外汇储备风险的未雨绸缪，也为民间黄金投资提供了政策风向标。

这种政策转向具有强烈的示范效应：黄金的政策支持不断变化，六大国有银行在2025年全面升级了黄金回购业务。打破了原有的“只收本行金条”的限制，建立起覆盖所有主流品牌、即时报价的回收体系。以前这些银行仅接受自家发行的黄金回购业务，而如今，无论你是在哪家银行购买的黄金，都可以通过不同的银行进行回购，快速将黄金变现。

这种自上而下的制度突破，实质上构建起“国家储备—商业银行—个人投资者”的牢固的黄金流通体系。

三、黄金与其他养老手段对比

相较于传统的养老方式，黄金究竟有什么优势呢？

我们可以将黄金与社保、存款进行简单对比：

社保作为一种政府主导的养老保障制度，在大多数国家都有广泛的覆盖范围。然而社保面临的问题是，随着全球人口老龄化问题的加剧，社保的可持续性面临巨大压力，未来的养老金可能无法满足每个人的养老需求。而黄金作为一种自主投资的资产，它的回报与国家的财政状况无关，不受政府政策的干预，可以独立于社保系统之外保障个人的财富。

存款虽然具有安全性，但其回报率较低。尤其是在通货膨胀的大背景下，存款的实际购买力可能会下降。而黄金作为一种硬通货，具有较强的保值性，能够有效抵御通胀带来的损失。尤其是在全球经济的不确定性增加时，黄金往往能呈现出与通胀、股市波动相反的走势，从而有效保护投资者的财富。

总而言之，任何单一的资产类别都无法完全覆盖养老的多元化需求。当你面临医疗、护理、居住等现实困境，丰富的配置才能解决问题。我们无法单一依赖黄金来实现养老的目的，但投资黄金是一种强有力的对抗通货膨胀的手段，也是保障未来生活、积累财富的重要途径。

第四节

普通人如何应对金价暴涨暴跌

金价的波动常常让普通投资者感到无所适从。当金价如过山车般起伏时，人们容易陷入焦虑与贪婪的循环，上涨时急于追涨，下跌时恐慌抛售。然而，这种情绪化的反应其实与投资的本质背道而驰。

一、短期波动不改变黄金的长期向上趋势

在任何一种金融投资中，市场的波动往往是不可避免的，尤其是黄金投资。当全球经济处于不稳定状态时，金价往往会出现剧烈波动，投资者的情绪容易受到影响，产生跟风买入或恐慌抛售的冲动。

其实，这种短期波动就像海面上的浪花一样，看似汹涌澎湃，实则是难以改变海水的长期走向的。要知道，自1971年布雷顿森林体系解体以来，黄金价格在50年间实现了长期复合增长。其间

虽然经历了几次下跌，但以10年为周期观察，金价始终保持着螺旋上升态势。

这种长期上升趋势的形成，源于黄金作为终极避险资产的根本属性。当全球货币超发导致纸币信用受损时，黄金的稀缺性与独立性使其成为对冲通胀的天然工具；当地缘政治风险加剧时，其非主权特征又赋予其独特的避风港价值。

二、不要盲目追高追涨

黄金市场的一个常见现象就是，金价暴涨会吸引大量投资者入场。

当金价持续上涨，投资者看到价格不断创出新高时，很容易陷入“错失良机”的焦虑情绪，进而盲目跟风买入。然而，这种盲目追高的行为往往是非常危险的，因为它随时可能导致亏损，尤其是在市场回调时。

投资者应保持冷静，避免因短期涨幅而产生过于激动的投资决策。应当认识到，金价的上涨并非没有原因，但它可能存在一定的泡沫。当市场情绪过度乐观时，金价可能已经远远超出了其应有的价格区间，存在回调的风险。因此，盲目追高追涨不仅不可取，还可能导致投资风险的加剧。

三、跌了我也高兴，因为又可以买了

与盲目追高相对的行为是，在金价暴跌时产生恐慌情绪，进而迅速抛售持有的黄金。实际上，黄金的下跌并不一定意味着投资失败，相反，金价下跌往往为投资者提供了一个相对低价的买入机会。普通投资者常见的认知误区在于将黄金等同于股票等风险资产进行操作，稍微有一点小小的波动，就慌忙调整持仓。然而，这种行为模式本质上是对黄金底层逻辑的误解。

正如很多网友所说的："涨了我高兴，因为我有；跌了我也高兴，因为又可以买了。"这句话看似戏谑，实则暗含智慧。持有者因价格上涨而强化资产保值的信心，同时将下跌视为补仓良机。这种"涨跌皆宜"的心态，才是对抗市场噪音的关键。

四、家庭资产黄金配置比例

在储蓄收益越来越低的当下，如何合理配置家庭资产，使手中的财富既能抵御通胀又能长期增值，是每个人都应该仔细思考的事。

黄金作为一种具有保值功能的资产，适当的黄金配置能够有效对冲通货膨胀、货币贬值及其他宏观经济风险。对大多数普通家庭而言，将黄金作为家庭资产配置的一部分，具有非常重要的意义。但具体的配置比例应根据家庭的财务状况、投资目标以及风险承受能力来确定。一般来说，黄金在家庭资产中的配置比例可以设定在30%左右。

从现实需求看，普通家庭需要预留50%左右的资产用于住房、教育等刚性支出，10%左右的资产用于短期消费，10%左右的资产用于紧急支出或者家庭大额支出。剩余30%的资产可用于配置投资产品。这一比例既能够保证黄金作为避险资产的有效作用，又不会让黄金投资过于占据家庭资产的主导地位。而这30%的资产里有多少用于黄金，有多少用于其他投资项目，完全依靠投资者的选择。

不同家庭的风险承受能力不同，因此黄金配置的比例也可以有所差异。对于稳健型投资者来说，30%的黄金配置比例已经足够。如果家庭的风险承受能力较强，且对其他投资品种有较高的兴趣和经验，黄金的比例可以适当降低，更多地将资产配置于股票、债券等高收益的投资品种上。而对于风险偏好较低的家庭，黄金的配置比例可以适度提高，甚至达到40%左右。

如果你问：什么样的人可以做黄金投资，有多少钱可以开始投资，投资什么产品不会亏本？答案只有一个——最终决定投资者命运的既不是股票市场也不是上市公司，而是投资者自己。尽管我们永远也不可能了解自己和市场的方方面面，但我们可以掌控自己的行为，读懂产品组合、投资策略、资产配置、风险管理、市场心态、历史规律……也就迎来了获利的可能。